ジョン・デューイ
人類共通の信仰

栗田 修訳

晃洋書房

A COMMON FAITH

by

John Dewey

Copyright © 1934 by Yale University Press.
Copyright renewed 1962 by Roberta L. Dewey
Japanese translation published by arrangement with
Yale University Press through The English Agency
(Japan) Ltd.

目　　次

凡　　例

第1章　宗教と宗教的性質との対立 ……………………………………（1）

第2章　信仰とその対象 ……………………………………（45）

第3章　宗教的機能が宿る家としての人間 ……………………………（89）

付　論　エマスンの自然論からデューイの宗教論へ……………………（125）
　　　　——大霊から大自然へ——
　　　　　　　　　　　　　　　　　　　　　　　　（栗田　修）

訳者あとがき　（135）

凡　　例

1. 本書は、John Dewey: *A Common Faith,* New Haven・Yale University Press, 1952 (1st ed., 1934) の翻訳である。同時に、*John Dewey,* The Later Works, Volume 9：1933-1934, Southern Illinois University Press, Carbondale and Edwardsville, 1989. を参照した。
2. 訳文は読みやすくわかりやすいことを原則にした。したがって、原文の語句にはできるだけ忠実に沿いながら、直訳は避けた。また文意を明らかにするために、原文にない語を本文中にかなり多く補足した。それらは［　　］で示したが、煩瑣であると感じたときには、［　　］をはずした。したがって、訳文が原文とはかなりことなる場合がある。
3. 長文や長いパラグラフは、短文や小さいパラグラフに分けた。
4. 本文中に適宜［　　］を挿入し、訳注を入れた。［　　］以外の注は原注である。
5. 原文中のイタリックは、〈　　〉で示した。
6. 原文中の（　　）のなかの文字は、本文と同じ大きさの活字をつかったが、訳者が語句のもとの英語をしめしたり、言い換えたりするためにつかった（　　）のなかの文字は、小さい活字とした。例、生命（life）、サクラメント（秘跡）。
7. 原文中の人名はフルネームとし、生年・没年などを加えた。
8. 用語・人名の解説は、『キリスト教大事典』（教文館）、『仏教語大辞典』（東京書籍）、『哲学事典』（平凡社）、『西洋人名辞典』（岩波書店）、『哲学小辞典』（岩波書店）、Britannica などに拠った。
9. 翻訳にあたっては、岸本英夫訳『誰れでもの信仰』（春秋社、1951 年）を参照し、多くの裨益をえた。

第1章
宗教と宗教的性質との対立

　宗教にかんして、人類は今や二つの考え方に立ち、二つの陣営にきっぱり分かれている。こうしたことは、これまでの長い人類の歴史において、いまだかつてなかったことである。

　宗教は、伝統的に、超自然的なもの (the supernatural) [＝一般に、神と呼ばれるもの] の観念と結びついてきた。また宗教は、多くのばあい、そうしたものの観念を心底から信じることに基礎づけられてきた。こんにち、宗教の名に値するものは、超自然的なものをはなれては存在できない。こう、多くの人たちが主張する。

　だが、このように信じる人たちも、その内容となると、多くの点で同じではない。一方の端には、ギリシャ正教会やローマ・カトリック教会のドグマ（教義）やサクラメント（秘跡）を、超自然的なものに近づくための唯一確実な方法として、うけいれる人たちがいる。またもう一方の端には、有神論 (theism) [＝無神論に対立し、人格神の存在を認める立場] や穏健な理神論 (deism) [＝自然宗教＝神を世界の原因とはするが、人格的存在者とはせず、世界はいったん創造された以上、神の支配をはなれ、みずからの法則（自然法則）にしたがって動きつづける、とする立場。したがって、奇跡や予言を排除する] に立つ人たちがいる。

　そして、これら両者の中間には、多くのプロテスタント宗派の人たちがいる。彼らは聖書こそは、純粋な良心に助けられて、超自然的な真理と力 (truth and power）とに達することのできる最適の道であると考える。

　しかし、これらの人たちはみな一つの点では合意する。それは、自然の力を超えた超自然的な存在者（a Supernatural Being）と霊魂不滅（an immortality）とを、必要不可欠とする点である。

　こうした立場に反対する陣営は、次のように考える。文化と科学の進歩は、超自然的なものを完全に疑わしいものとした。そして、それとともに、超自然的なものの信仰に結びつくすべての宗教を信頼できないものとした、と。ところが、彼らはただそれだけにとどまらない。この陣営の過激論者にいたっては、超自然的なものを追放することによって、たんに歴史上の諸宗教を廃棄するだけではなく、これら諸宗教とともに、宗教的性質をもつすべてのものをも廃棄すべきである、と信じるのである。

　なぜなら、歴史上の諸宗教を創始したとされる人たちは超自然的性格をもっているという主張が、もうすでに歴史的事実によって否定されているのだから。また、神聖とされる文書に帰せられる超自然的な啓示（inspiration）も、その謎が今ではもう科学的に解明されているのだから。そしてまた、宗教的信仰や実践が生まれでた源泉が、あまりにも人間臭いものであることが、こんにちすでに人類学や心理学の研究によって明らかにされているのだから。このように変化した時代においては、宗教的性質をもつすべてのものもまた、消えさるべきである、と彼らは言うのである。

　[☞ しかしデューイは、成立宗教から、人間経験に浸透するこの宗教的性質を解放しようとする。その意図のもとに、本書は展開される。]

　しかし、これら相対立する人たち［＝宗教を承認する人たちと、宗教を否定する人

たち］のあいだには、共通する一つの考えがある。それは、経験の「宗教的な性質」(the religious)と「超自然的なもの」(the supernatural)とを同一視する考えである。私が本書において論じようとする問題は、この同一視がよって立つ根拠と、この同一視がもたらす結果についてである。つまり、この同一視がなぜなされるのか、そしてこの同一視がいかに深刻な結果をもたらすのか、という問題である。

　私は、この議論において、経験の宗教的側面の性質について、もう一つのまったく違った考えを展開するつもりでいる。私は経験の宗教的側面［＝経験に浸透している宗教的性質］を、超自然的なものから、そして超自然的なものに結びついて発生したさまざまなものから、切りはなす。そうすることによって、私は次のことを明らかにしようと思う。すなわち、これら超自然的なものから派生したものは、純粋に宗教的なものを阻害する障害物であること、そして純粋に宗教的なものは、この障害物が取りのぞかれたとき、真に解放されるということ、そしてそのときには、経験の宗教的側面がおのずと自らの目的にむかって自由に発展するであろうこと——私は、こうしたことを明らかにしようと思うのである。

　こうした見解は、さきにあげた相対立する両陣営のどちらからも攻撃をうける。この見解は、一方では、伝統的な諸宗教と対立する。こんにち宗教心をもつ人たちに最大の影響力をもっている諸宗教と対立する。この見解は、彼らにとっては、宗教的要素そのものの最も大切な心髄を断ち切るものとみなされる。というのも、それは伝統的な諸宗教とその教団制度がよって立つ基盤を奪いさるのだから。

　しかし、他方の陣営からは、私がとろうとする立場は臆病で中途半端な立場だとみなされる。徹底した考えにはふさわしくない、譲歩や妥協とみなされる。

ただの弱気の考え方、子どものころに教えこまれたドグマの感情的な残滓、いやそれどころか、まわりの人たちの非難をさけ、寵愛をえようとする欲望の現れとみなされる。

　私が言いたいことの核心は——この最初の章でそれを述べる範囲内で言えば——「宗教」(religion)、つまり或る〈一つの〉宗教 (a religion) ［例えば、キリスト教］と、人間経験の「宗教的な性質」(the religious)［＝宗教性＝宗教的なもの］とのあいだには違いがあるということである。つまり、実体名詞によって示されるいかなるものも、形容詞によって示される経験の性質とは相違する、ということである［ここで言う、「実体名詞」(a noun substative) とは事物の名称であり、こんにちわれわれがふつうにつかう意味での「名詞（物の名前）」である。しかし、それは古くは事物の感覚的性質（色・音・香・味、さらには美しいとか神聖なといった美的・宗教的経験に浸透する性質）を指示する「形容名詞」(a noun adjective) から区別してつかわれた名詞であった。デューイは人類共通の信仰を、この人間経験に浸透する宗教性にもとめようとする。いわば、宗教の原点に立ちかえろうとする。そうすることによって、成立宗教を批判し、人類に共通する信仰の必要性を説こうとする。ちなみに、デューイは本書と同じ 1934 年に著した『経験としての芸術』（栗田修訳、晃洋書房、2010 年）においても、実体名詞「美」(beauty) から区別される人間経験に浸透する形容名詞「美的性質」(the esthetic) を中心概念として、芸術論を展開する］。

　[☞ では、実体名詞としての宗教（宗教一般）は、どのように定義されているか。]

　一般に広く容認される実体的な意味での宗教［＝実体名詞としての宗教］は、どのように定義されているだろうか。誰もがうけいれることのできる、こうした宗教の定義を見いだすことは、容易ではない。だが、『オックスフォード英語

辞典』に、私は次の定義を見いだす。

「人間が、自分の運命を支配するものとして、また服従・尊敬・崇拝に値するものとして、目には見えず［＝人間の感性をへない、したがって超経験的・超自然的な］、より高きにある［＝現在の経験レベルより高きにある、したがってわれわれを支配する］或る力（some unseen higher power）を承認すること」。

　　［☞ デューイは、第２章において、この「目には見えず、より高きにある力（神）」を次のようにとらえなおす。「まだ目には見えないが、われわれのイマジネーションの働きによってやがて次々とわれわれの経験において見えてくる、われわれがあこがれ、畏敬する理想」と。デューイは「神」を「理想」としてとらえなおす。そして、第３章においては、この理想を「社会の理想」すなわち「民主主義の理想」として、論じる。］

　この定義は、高きにあって目には見えない力の超自然的性格を、それほどはっきり強調するものではない。もっとはっきりそうした性格を強調する他の定義を引用しようと思えば、できないわけではない。しかし、この定義においてさえ、超自然的なものへの信仰の思念から生じた意味合いが、ずいぶん多く詰めこまれている。なお、この超自然的なものは、歴史的な諸宗教すべてに欠かせない特徴なのである。

　いま仮に、原始宗教をふくむ諸宗教の歴史にくわしい人がいるとしよう。そして、彼がこの定義をすでに知られているいろいろな歴史的事実と比較し、この比較によって、この定義が何を意味するのかを確定しようとしたとしよう。すると彼は、次の三つの事実に気づき、驚くにちがいない。なぜなら、これらの三つの事実は、この定義の内容をきわめて低い数値の公分母に引きおろし、そのけっか、この定義にはほとんど意味がなくなってしまうからである［公分母とは、二つ以上の分数を通分したときの分母を言うが、分母が低い数値、仮に１になれば、

その分母の意味はまったくなくなってしまう。ここで言われる低い数値の公分母とは、宗教が共通してもつごく数値の低い（ごく単純な、ほとんど意味のない）宗教的内容を意味する］。

　　　［☞ 実在する宗教は多種多様である。したがって、こうした「宗教一般」の定義には、ほとんど意味がない。］

　彼はまず第一に、さきに言及した「目には見えない力」［＝崇拝の対象であるいわゆる神］が、てんでんバラバラにとらえられているのに気づくだろう。もしそれらの違いを除すれば、ただ目には見えない強力な或るもの［＝低い数値の公分母］を指すこと以外には、何の意味ものこらない。
　この目には見えない力は、例えば、メラネシア人の曖昧模糊としたマナ［＝宇宙に偏在する超自然的な力］、原始神道のカミ（神）、アフリカ人のフェティッシュ［＝呪物＝霊が宿り、魔力があるとして崇拝される木像・石片など］、何らかの人間的性質をもち、自然界に充満していて、自然の力を活気づける聖霊（スピリット）、仏教の究極的で非人格的な原理［＝法（dharma）］、ギリシャ思想の不動の動者、ギリシャ・ローマのパンテオンの神々や半神半人の英雄たち、キリスト教の愛にみちた人格神（この神は全能ではあるが、その時どきに付随する邪悪の力によって制約をうける）、イスラム教の専断的な意志者、理神論の最高の立法者かつ裁判官、といったものである。しかも、これらがすべてではない。目に見えない力がこれまでにとらえられたさまざまな顕著な仕方は、ほかにもたくさんある。

　第二に彼は、［目には見えない力に対して］服従と畏敬の念が表現されてきた仕方［＝崇拝儀礼のあり方］も、それに劣らず、種々雑多であることに気づくだろ

う。動物・死者・祖先に対する崇拝、男根崇拝、恐ろしい力と愛と知恵をもつ存在者への崇拝、といったものがそれである。畏敬の念もいろいろなかたちで表現された。ペルー人やアステカ族の人たちのあいだでは、それは人身御供のかたちで表現された。或る東洋の宗教では乱婚パーティのかたちで、また悪魔払いやみそぎのかたちで、イスラム教では予言者が謙虚で悔い改めの心を捧げるかたちで、ギリシャ・ローマ教会では精緻な儀式のかたちで、表現された。

　いけにえ（ささげ物）をともなう宗教儀式でさえ、その形式はみな同じではなかった。プロテスタントの諸宗派やイスラム教では、それは高度に純化（精神化）されている。それは、およそそれが存在するところでは、ありとあらゆるかたちで表現され、多種多様な神々や聖霊に捧げられた。それは、罪滅ぼしとして、神の怒りをしずめるものとして、また現世利益を乞いもとめるものとして、つかわれた。儀式は、ありとあらゆる目的のためにつかわれたのである。

　第三に彼は、［目には見えない力を］何のために崇拝し、何をえようとして崇拝するのかという道徳的動機（moral motivations）［＝神を信じる動機］にも、はっきりした統一性のないことに気づくだろう。［来世における］無限の責め苦を恐れることから、永遠の幸福を願うことまで、その動機はこんにちにいたるまでバラバラである。だが、永遠の幸福といっても、ときには性的快楽がその幸福にとっていちばん重要な要素だったりした。主要な動機としては、次のようなものをあげることができる。肉体をいじめる極端な禁欲主義のために。売春をなくし純潔を守るために。不信心な者たちと戦い、撲滅するために。不信心な者たちを、改心させたり、罰したり、迫害するために。博愛への情熱のために。課せられたドグマ（教義）に奴隷的に服従するために。また、人間社会における兄弟愛と正義の支配を実現するために。

以上に述べた事実は、もちろん、多くの事実のなかのほんのわずかなものにすぎない。すべての事実を述べるためには、大きな図書館のすべての書物をもってしなければならないだろう。
　宗教の歴史がもつこうした暗黒面を見たがらない人たちは、こう問うかもしれない。なぜそんなに暗い事実をもちだす必要があるのか、と。だが、われわれはみな知っているのである。文明人といえども、［祖先動物の］獣性や［祖先からうけついだ］迷信を背景にして生きているということを。そして、こうした獣性や迷信は今もなおわれわれと共にあるのである。じっさい、或るいくつかの宗教は——キリスト教のなかの最も影響力のある諸宗派をふくめて——人間の本性は完全に堕落している、と教えているではないか。
　宗教の歴史は、そのすべての流れのなかで、残忍でみだらなために顔をそむけたくなるような所業、そして知性によっては信じられないほど堕落した信仰の痕跡を、とどめないではいられなかった。われわれが目にする現状以外のものを期待することは、できるはずもないのである。なぜなら、かつてわれわれの祖先はほとんど知識をもたなかったし、また知識をえるための確固とした方法をもっていなかった。また原始的な社会制度のなかにあって、自然の力をじゅうぶんコントロールすることもできなかった。そこで、彼らはつねにびくびくしながら［低次元の］生活をしていたのだから。

　［☞　多様多様な宗教は、それらが生まれ育った多様多様な文化を反映する。そうであるなら、われわれは経験の宗教的性質を、現代の必要にあわせて、歴史的諸宗教から解放することができるはずである。］

　［信仰の対象も、信仰の仕方も、信仰の動機も、てんでんバラバラである。］歴史上の諸宗教は、人びとがそこに住まう社会の多種多様な文化的条件を反映するものだ

った、とする考えがある。私はこの考えによろこんで同意する。じじつ、私が意図するのは、こうした考え方にふくまれるロジック（論法）をうまくつかって、過去の宗教がもつ、もはや時代遅れになった要素を除去することである。

　こんにち一般に普及している宗教にみられる信仰や慣習は、このロジックによれば、現在の文化の状況を反映するものである。ところで、過去において、この目には見えない力［＝いわゆる神］について、ずいぶん多様な考え方が容認されてきた。つまり、その力が人間の運命を左右する仕方や、われわれがその力に対してとるべき態度に、変化が容認されてきた。もしそうだとすれば、この力のとらえ方や宗教的慣習が、現在ではもう変化しなくなっているときめつけることは、できないはずである。

　このロジックは、過去の宗教から時代遅れとなった要素を取りのぞくことができるロジックなのである。したがって、このロジックは、現在うけいれられている宗教のなかに、時代遅れとなった文化の生き残りがどれだけあるのか、解明することを要求する。このロジックは、この目には見えない力、そしてわれわれがこの力に対してもつ関係について考えなおすことを要求する。つまり、こんにちの最も進んだ文化と現代人の未来への願いにつながる考え方を探求せよ、と要求するのである。

　このロジックは、われわれがイマジネーションを働かせて、頭のなかの石盤（slate）［＝石筆で文字や絵をかくための小さな粘板岩、現在のノート］をぜんぶ拭きけし、まったく新しく考えなおすことを要求する。もしも経験に内在する根本的に宗教的なものが、すべての歴史的夾雑物から解放され、自己を表明する機会をえたばあい、この目には見えない力はどのようなものになるのか、この力がわれわれをコントロールする仕方はどうなるのか、崇敬や服従を表す仕方はどうなるのか——このロジックは、こうしたことを問うことをもとめるのである。

［☞　宗教性を成立宗教から解放するという観点に立って、さきの宗教の定義を見なおしてみると、このように定義された宗教一般には、ほとんど意味がないことがわかる。］

　そこで、さきに引用した宗教の定義の内容に立ちかえろう。そもそも、宗教の普遍性［＝宗教は一つであるという考え］を守ろうとしてなされるこうした一般的な定義をうけいれることに、どのような意義があるのだろうか。つまり、この定義は、目には見えない力に対する最も野蛮で堕落した信仰や宗教行事にもあてはまる。しかし、それはまた道徳的にすぐれた内容を最大限もっている宗教の高貴な理想にもひとしくあてはまる。そうした普遍的な定義をうけいれて、いったい何になるのだろうか。

　この定義には、二つの問題点がある。その一つは、「目には見えない力」にかかわる問題である。この目には見えない力は、この定義では、人間の運命を支配し、服従・崇敬・礼拝が捧げられねばならないものとされる。しかし、この目には見えない力が人間を支配してきた仕方は、きわめて多様である。また、服従と畏敬の念が表現されてきた仕方も、同様にきわめて多様である。この多様性こそが、この目には見えない力の本質なのである。にもかかわらず、もしこの多様性を看過するなら、この目には見えない力と言われるものは、まったく無意味なものになってしまうのではないか。これが第一の問題点である。

　第二の問題点は、この目には見えない力［＝神＝宗教］の「選択」にかかわる問題である。もしわれわれが比較し、選択しはじめ、目には見えない力についてのこの考え方のほうが、あの考え方より優れているとか、あるいは自由で自尊心のある人が示す畏敬の念のほうが、おびえた人間が気ままな権力者にしめす奴隷的服従よりも優れているとか、あるいは人間の運命は、無鉄砲な化け物やたんなる物理的力によるよりも、賢明で慈愛あふれる神霊（スピリット）によって支配されていると信じるべきであるとか――こうしたことを言いはじめる

第 1 章　宗教と宗教的性質との対立

ときりがない。われわれは、いまだけっして目的地に到達したことのない迷路に足を踏みいれることになる。われわれは、われわれを先へ先へと誘う終わりなき旅をはじめなければならないことになる。

　なぜなら、われわれは現実には単数形での宗教［＝宗教一般］がこの世界には存在しないということを、認めざるをえないからである。じっさいに存在するのは、多くの宗教からなる一つの群である。「宗教」(religion) は、まさに集合名詞なのである。しかも、それが意味する集合とは、論理学の教科書で説明されているような種類のものではない。それは組織とかまとまりがもつ論理的統一性をもたず、ただゴタ混ぜの集まりなのである。したがって、そうしたゴタ混ぜのなかに普遍性［＝宗教一般］の存在を証明しようとする試みは、やり過ぎか、やり足らずになってしまう［そうした試みは、ばっちりマト（＝普遍性）を射たものにならない。なぜなら、ゴタ混ぜのなかには統一がなく、統一のないところにはマトはないのだから］。

　われわれが知るかぎりの地球上のすべての国民は、なんらかの〈一つの〉宗教をもってきた。［例えば、アメリカ国民はキリスト教をもってきた。］その意味において、宗教はずっとこれまで普遍的であったと言えるかもしれない。しかし、こんにちでは諸宗教間の違いはきわめて大きく、きわめて衝撃的である。したがって、そのように激しく相異なるもののなかから共通点を引きだしてきても、その共通点にはなんの意味もない［第一の問題点］。

　宗教は普遍的である［＝宗教はバラバラなものではなく、一つのものであるべきである］という考えは、狭すぎて、そのけっか、マト外れなものになってしまう。例えば、キリスト教の古い護教論者たちはもっと慎重だったようだ。現代の一部の護教論者たちは狭すぎる。彼らはキリスト教以外のいかなる宗教も詐欺であり、ほんとうは悪魔崇拝か、少なくとも迷信による幻想であると非難するの

11

である。
　諸宗教のなかから、どうしても一つを選ばなければならない［クリスチャンでありながら、イスラム教徒であることはできない］。この選択の必要性は、宗教の普遍性について論じる余地をまったくなくしてしまう。しかも、われわれがいったんこの選択の道にはいりこんでしまうとどうなるか。われわれは、いくら迷いに迷っても、いまだかつて一つのすぐれた普遍的宗教に出くわせなかったという不可能性に、直面するのである［第二の問題点。では、宗教の普遍性とは何なのか。じつは、それは「成立宗教」のなかにあるのではない。それは、以下に述べるように、「人間経験の宗教的性質（宗教的態度）」にある］。

　［☞　宗教をではなく、宗教から解放された宗教的性質を、追究することが、現代におけるわれわれの課題である。］

　したがって、こんにち、［宗教そのものではなく］宗教がもつ倫理的・理想的な要素が重視されつつある。このことは、歴史のしめす事実であり、宗教の浄化過程［＝成立宗教から夾雑物を取りのぞく過程］が今後さらに進むであろうことを示唆している。またそのことは、経験に内在する或る新しい価値や働き［＝経験の宗教的性質］のさらなる選択が、今ただちに必要であることをしめしている。私はこの選択は可能だと思う。私は、この可能性を念頭において、さきに「宗教性」と「宗教」との相違について語ったのである。
　私は一つの新しい宗教を提案しているのではない。そうではなく、宗教的と呼ばれうるものの内容と将来性を、因習的な宗教から解放したいのである。なぜなら、われわれが一つの宗教をもつやいなや——それがアメリカインディアン・スー族の宗教であれ、ユダヤ教であれ、キリスト教であれ——われわれはその瞬間に宗教的と呼ばれうる、経験に内在する理想的な要素に、重荷を背負

わせることになるのだから。そうした要素には内在しない重荷を、つまり、そうした要素とは無関係な、その時代々々の信仰や宗教的行事という重荷を、背負わせることになるのだから。

[☞ デューイは、一つの新しい「宗教」(a religion) を提案しているのではなく、新しい「信仰」(a faith) を提案しているのである。人間経験に内在する宗教的性質（理想追究の態度）そのものを古い宗教組織や制度から解放し、発展させることによって、社会をよりすばらしい民主主義社会に変革できるとする信仰を、提案しているのである。なお、本書の最終章でみられるように、彼が理想とするのは民主主義社会である。デューイの民主主義がもつ宗教的意味については、拙著『デューイ教育学の特質とその思想史的背景』（晃洋書房、1997年）、第3章「民主主義と教育」を参照されたい。]

　私は、自分が言おうとしていることを、われわれの現代生活にごく普通にみられる次の事実によって、説明することができる。
　こんにち、いかなる宗教もうけいれない人たちがいる。彼らは、そのことによって、無宗教者 (a non-religious person) とみなされるのが一般常識である。しかし、[どうして彼らは宗教をうけいれないのか。その理由は] こうも考えられる。現在の宗教の沈滞した状況はひどい。そのために、こんにち宗教は、自らがかかえこんでいる歴史的厄介物という重荷によって、人びとが経験の宗教的な性質に気づくのをさまたげているのである、と。また、こんにちの宗教は、経験の宗教的な性質が、現在の知的・道徳的な状態に適したかたちで表現されることを、邪魔しているのである、と。私は、それが事の真相だと信じている。
　私はこう信じるのである。多くの人たちは、こんにち宗教として存在しているものが知的・道徳的に退廃しているので、宗教ぎらいになっている。そのため、彼らは自分自身に内在する「態度」(attitudes) に——もしりっぱに結実す

れば純粋に宗教的なものとなる「態度」に──まったく気づかないでいるのだ、と。このように説明すれば、私が実体名詞としての「宗教」と形容名詞としての「宗教的」との違いによって言おうとしていることが、明確に理解されるだろう。

　もう少しはっきり言おう。或る一つの宗教［例えば、キリスト教］は、つねに或る特定の信仰ならびに実践の体系をもつ宗教団体［＝教会］を意味している。そして、その宗教団体は、比較的自由な、あるいは厳格な、何らかの制度化された組織をもっている（なお、さきに述べたように、「宗教一般」（religion in general）といったものは存在しない）。

　これとは対照的に、「宗教的」という形容詞は、特定できる実体という点では、何ものをも意味しない。いかなる制度も、いかなる信仰体系をも意味しない。それは、あのまたはこの歴史的宗教とか実在する教会を指示する場合のように、特定できるいかなるものをも意味しない。なぜなら、「宗教的」という形容詞は、それだけで実在しうるものを意味しないから。あるいはまた、組織化すれば、他のものとはことなる或る特定の存在形態［＝一つの宗教］になりうるものを意味しないから。「宗教的」という形容詞は、「態度」［＝行動がもつ性質＝信仰心］を意味するのである。あらゆる対象、そして提示されたあらゆる目的や理想に対する「態度」を、意味するのである。

　［☞　デューイの立場と酷似するが、それとはまったくことなる立場がある。それは特種な「宗教的経験」に立つ立場である。］

　しかし、私の提言を展開するまえに、［横道にそれるようだが］ぜひ言っておきたいことがある。宗教と宗教的との区別を実現すれば、宗教的性質を余計な障

害物から——こんにち宗教的性質を窒息させ駄目にしている障害物から——解放できる。これが私の立場である。ところが、この私の立場と、言葉のうえではどこかよく似た立場が存在する。しかし、この立場は、じっさいは、私の立場とは天と地ほどもかけはなれているのである。

　私は、「経験における宗教的要素」(religious elements of experience) という語句をこれまでになんどもつかってきた。ところで、こんにち、特に自由主義神学者たちのあいだで、「宗教的経験（宗教体験）」(religious experience) が大いに話題にされている［自由主義神学とは、聖書や教会の教理から生じる強制や抑圧に対し、人間の主体的な活動の意義と余地とをみとめる立場をいう］。彼らは、この宗教的経験を利用して、或る特定の信仰の正しさや、祈りや礼拝といった或る特定の実践のすばらしさを、裏づけようとするのである。彼らは、宗教的経験こそは宗教そのものの究極的基盤である、とさえ断言する。こうした立場と、私がとる立場とのあいだには大きな隔たりがある。私がこれから指摘しようとするのは、この隔たりである。

　彼らは、それじしん宗教的である或る特種な経験（宗教体験）［例えば、啓示や奇跡］が存在する、という考えに固執する。彼らは、まさにこの［特種な経験が存在するという］事実から、或る特別なものを導きだす。つまり、或る種の経験を——美的経験・科学的経験・道徳的経験・政治的経験から、あるいは友情とか友愛といった経験から、区別される或る特種な経験［＝宗教的経験］を——導きだす。しかし、私が言う経験の性質としての「宗教的」［＝宗教性］は、これらすべての経験に属する性質を意味するのであって、「宗教的」は、それじしんで存在できるタイプの経験とはまったく対極にあるものである。

　両者の区別は、次の点に注意すれば、はっきりする。すなわち、彼らが主張するこの特種な経験の考えは、或る特種な対象［＝神］に対する信仰を立証す

るために、また或る特種な実践［＝儀式や修行］を正当化するために、使用されるのである［一方、私（デューイ）の言う宗教性は、宗教的経験、美的経験などを問わず、すべての人間経験に多かれ少なかれ浸透している性質である］。

［☞ この特種な宗教的経験を主張するのは、従来の「思弁的な」神の存在証明に不満であるため、神の存在を「体験」の立場から直接に証明しようとするものである。］

［なぜ、彼らはこういう特種な宗教的経験を主張するのか。］なぜなら、こんにち、神の存在についての古くからの「証明」に満足しない多くの宗教家がいるからである［彼らは、神の存在を証明するために、論証という形式的なものではなく、もっと直接的・体験的な証明にたよろうとする。そこで、そういう目的に役立つ特種な宗教的経験が必要となる］。彼らは、存在論的証明・宇宙論的証明・目的論的証明といった名称で知られる証明に満足しない。なぜ満足しないのか。その原因は、たぶん、カント［Immanuel Kant, 1724-1804. ドイツ観念論の創始者］がその証明が不十分であるとしたもろもろの論証にあるのではない。むしろ、こうした［思弁的な］論証が、げんざい活動中の宗教に役立つにはあまりにも形式的であるという、世間一般の不満の感情にあるように思われる。

［神の存在の証明（arguments of the existence of God）には、次のものがある。
存在論的証明＝このうえなく完全なものという神の観念には、すでに神が存在していることが含意されているとする方法。
宇宙論的証明＝自然界における因果関係をたどってしだいに原因にさかのぼり、ついに最後の第一原因に達し、これを神として認める方法。
目的論的証明＝自然における合目的性（秩序）にもとづいて、その目的をあたえる最高の英知的存在の必然的なのを認め、これを神とする方法。

道徳論的証明＝道徳の存在から、神の存在を要請する方法（カントの立場）。
　なお、啓示宗教にあっては、神の存在を「論証」する必要はない。神は「直覚」（intuition）によって知られるのだから。］

　いずれにせよ、この不満［＝思弁的論証による、神の存在証明に対する不満］はのこる。そのうえ、これらの宗教家たちは、［宗教以外の］他の分野で興隆した実験的な方法に魅せられている。したがって、彼らが他のいかなる人にも負けないぐらい——さらに言えば、科学者たちにさえ負けないぐらい——優れた「経験主義者」であると言いはっても、何ら不自然でも、不適切でもない。科学者たちは、或る種の対象の存在を証明するのに、或る種の経験に依存する。それと同じように、宗教家たちは、宗教の対象の存在を証明するのに——特に最高の対象である神の存在を証明するのに——この特殊な経験にたよろうとするのである。

　ここで、こうしたタイプの考え方の具体例を紹介しよう。そうすれば、この論議はもっとすっきるすると思う。或る著者はこう述べる。
　「私は過労でたおれ、やがて神経衰弱になりかけた。或る朝、長い眠れない夜が明けたとき……、私はこう決心した。いつまでも自分自身にたよるのをやめて、神（God）にたよることにしよう、と。私は毎日いくらかの静かな時間をもつことにした。そして、その時間には、私の生命（いのち）をその究極的根源に結びつけることができた。また私は、私が神のなかに生きているのだ、神のなかで行動し、神のなかに私の全存在をもっているのだ、という意識をとりもどすことができた。これは、もう30年まえのことである。そのときいらい、私は文字どおり、1時間たりとも暗い絶望の時をもったことはない」と。

これは、感動的な記録である。私はこの記録の信憑性を疑わない。またその経験（宗教体験）も真実だと思う。この記録は、たしかに人間経験がもつ宗教的な側面を具体的に描いている。

［☞　しかし、この宗教的経験によって証明されているのは、神の存在ではない。ここで証明されているとされる神は、或る特定の文化的・社会的な環境（教会）からもちこまれた神である。］

だがこの記録は、また同時に、或る特定の宗教［＝キリスト教］によって押しつけられた重荷［＝教義］を運ぶための「あの方（かた）」(that quality)［＝神さま］をつかっている。というのも、この著者は、キリスト教のもとで育ったために、この経験を、キリスト教の特徴である人格神の見地から、解釈しているからである。［他の宗教を信じる人たち、例えば］道教を信じる人、仏教徒、イスラム教徒、あるいは無宗教の人（すべての超自然的な［人事への］影響力や支配力を拒否する人をふくむ）は、これと同じような効果をもつ経験をもったことがあるだろう［でも、彼らはこうした解釈はしない］。さらに、別の著者は、この引用文について、次のようにコメントする。

「熱心な信者は、［一般の信者にくらべて］思弁的憶測によって導きだされた宇宙論的神や、道徳的楽天観［＝人間がかぎりなく道徳的理想を追求することによって、世界はますますすばらしいものになるとする楽観的立場］のもとで認められる［人間教師］キリストのような神よりも、こうした神［＝体験的に信じられた神］の存在を、強く信じることができる」と。そして、さらにこう付言する。先に引用された経験は、「救い主である神——つまり人間が或る条件をみたせば、罪に打ちかつ力を与えてくれる神［＝われわれが何かよいことをすれば、よい結果をあたえてくれる神］——が存在することを意味している。つまり、実在し、接近でき、科学

第1章　宗教と宗教的性質との対立

的に知りうる神の存在を、意味している」と。

　だが、この推論［＝先に引用された経験から神の存在をこのように推論すること］が正しいとされるためには、そうした効果をもたらす条件が──それがどのようなものであれ──、「神」（God）と呼ばれる場合だけであることが、はっきり理解されなければならない［もちろん、「よいことをする」という条件が神であろうはずはない。この事例において、神を存在させた条件は、後にみるように、個人がそこで育てられた文化的環境（教会）である］。ところが、たいていの読者は、この推論が意味するものを、おそらく間違ってこう理解するだろう。すなわち、或る特定の存在者の存在が、つまりキリスト教において「神」と呼ばれるものの存在が、実験科学の方法と類似した方法によって［＝よいことをすること（原因）と、それがもたらす救済（結果）との因果関係を知るという方法によって］証明されるのだ、とうけとるだろう［しかし、実験科学の方法によって知りうるのは、次に述べるように、こうした効果をもたらした条件の存在であって、神の存在ではない］。

　では、現実にはどうなのか。「論証された」と言いうるのは、或る複雑な条件の存在だけである。生活における「適応」（adjustment）──つまり「オリエンテーション」（orientation）［＝環境に適応すること＝引用された事例においては、一時間たりとも暗い絶望の時をもたなくなること］──を達成するのに作用した条件の存在だけである。なお、適応とかオリエンテーションは、［引用された事例にみられるように］「安全と平安」の感じをともなう。

　この複雑な条件に加えられたさきほどの解釈［＝神の存在証明］は、この引用された経験そのものにほんらい備わるものではない。この解釈は、或る特定の個人が子どものときから馴染んできた文化から引きだされたものである。宿命論者は、この解釈に対して、或る一つの名称［例えば、神の存在の環境論的証明］をあたえるだろう。クリスチャン・サイエンス［＝アメリカの宗教家・エディ夫人

(Mary Baker Eddy, 1821-1910) が 1866 年に創設したキリスト教団体] の信者は別の名称を、そしてすべての超自然的な存在を拒否する人は、また別の名称をあたえるだろう。

　この経験の解釈［＝この経験から神の存在を証明すること］において、決定的な役割をはたす要因は何か。それは、その個人が子どものときからずっとそのなかへと導きいれられてきた、「或る特定の教義を植えつけるための装置」(the particular doctorinal apparatus) ［＝教会］である。

　［この装置によって］これまでにうけた教育は、一つの感情を蓄積する。蓄積されたこの感情は、彼の生活環境ぜんたいに充満し、この［引用された］経験に奇妙に神聖な価値を簡単にあたえることができる。そのけっか、この経験を生みだした［真の］原因［＝教会という原因］に対するすべての探求が妨害されることになる。なぜなら、精神を安定させるという成果は、何ものにもまして貴重である。そこで、その成果が帰せられる原因は、たいていのばあい、ただおこったことの繰りかえし［＝神を信じることによって、心の平安をえた事実をただ述べること］に終わるから。そして、そこには深く感情に根ざした性質を獲得した或る名称［＝神］が、プラスされる。

　以上の論議は、［さきに引用された宗教的体験において］もたらされた結果 (result) が純粋なものではない、あるいはその結果が人生において重要なものではない、と言おうとするものではない。また、こうした出来事［＝神にたよることによって、人が救済された事例］を、純粋に自然主義的な言葉で説明できる、と言おうとするものでもない——ただし、たまたまそういうことになる場合はあるかもしれない。私の目的は、宗教的経験が〈それ独自の〉(sui generis) ものとしてあらかじめ［＝経験に先だって］他の経験から区別されるとき、何がおこるのかを明らかにすることなのである。

第1章　宗教と宗教的性質との対立

[☞　デューイは、ここにきて、ようやく彼が「宗教」から峻別して「宗教的性質」と呼ぶものが何であるのかを述べる。それは、経験がもつ「適応の働き」である。]

さきに引用した経験がもつ宗教的性質は、じっさいは何なのか。それは、この経験がもたらす〈効果〉（effect）［＝引用された事例では、心の平安をもたらせたこと］である。つまり、人生において、また人生のいろいろな条件のもとで、この経験がもたらす「より良き適応」（the better adjustment）であって、この適応を生みだす形式［＝儀礼や修行］や原因［＝神］ではない。この経験の作用が、つまりこの経験の「機能」（function. 働き）が、この経験の宗教的価値を決定するのである。

もし再調整（reorientation）［＝適応］が現実におこるなら、その再調整とそれにともなう安心と安定の感じこそは、それじしん独立した［宗教的な］力（forces）なのである。

この再調整は、人それぞれに多くの違った仕方でおこる。それは、ときには、或る原因［＝理想・目的・神］への献身によってもたらされる。ときには、新しい展望をひらく詩の一節によってもたらされる。またときには、スピノザ［Baruch de Spinoza, 1632-1677. オランダの哲学者。汎神論を唱え、教会から破門された］の場合のように、哲学的反省によってもたらされることもある。ちなみに、スピノザは、彼の時代においては、無神論者とみなされた［世界を創造した人格的な唯一神を信じないスピノザのような汎神論者や、理神論者は、無神論者である］。

[☞　デューイが成立宗教から解放しなければならないとする経験の「宗教的性質」とは、「より良き適応」をもたらすこの経験の働きである。]

以上において、私は真に宗教的な力をもつ経験が、生活過程からは切りはな

された宗教的経験［＝成立宗教における宗教体験］とどのように違うかについて、述べた。つまり、生活の諸過程に対して、またその諸過程において、効果を発揮するがゆえに、宗教的な力をもつ経験について、述べたのである。このことは、以前に触れた問題に立ちもどる機会をあたえてくれる。

　もしこの機能［＝適応をもたらす働き＝経験がもつ宗教的な性質］が、既製の宗教を成りたたせている信仰や儀礼祈禱から解放され、救出されたとすれば、いったい何がおこるだろうか。もしそうなれば、多くの人たちは気づくにちがいない――人生において、より良い、より深い、永続的な適応をもたらす力をもつ経験は、一般に考えられているほど、稀なものでもなければ、珍しいものでもない、と。

　こうした経験は、人生の多くの重大な危機にさいして、しばしばおこる。そのさい、目には見えない力［＝宗教の定義における神＝引用された事例における神］についての観念は、［旧来の宗教的な意味を失い］次のような意味をもつようになる。すなわち、自然界と人間社会のあらゆる条件が、生きることの意義を高揚し、深化する。その結果、［その一方では］人は暗黒と絶望の時期をとおりぬけ、ついにはこのみじめな時期がこれまでのように憂鬱なものではなくなってしまう。こうした［外と内との調和的］変化［＝適応］を可能にすることが、目には見えない力の新しい意味となる。

　成立宗教から、このように宗教性を引きはなすことは、多くの人びとにとって容易でないかもしれない。なぜなら、伝統と慣習は、特にそれに感情がからんでいるときには、われわれの存在そのものとなってしまった習慣の大切な部分だから［ちなみに、デューイは、われわれの存在（性格、人格、ないし自我）は「諸習慣の相互浸透」(the interpenetration of habits) であると考える。John Dewey: *Human Nature and Conduct*, Henry Holt, 1922, p. 38. 東宮隆訳『人間性と行為』（春秋社、1960

年)、p. 32］。だが、この引きはなしは可能である。そのことは、それが現実のものとなっているという事実によって証明されている。

　そこでわれわれは、しばらくのあいだ、「宗教的」(religious) という用語をつかわないことにしよう［なぜなら、その語をつかえば、議論は人間経験の宗教的側面、いわゆる「神」に対する態度に、限定されるから］そして、われわれが生きていく過程［＝適応の過程］に深い、永続的な基盤となる「態度」(attitudes) がどういうものであるのかを問うことにしよう。私は、これまでに、例えば「適応」(adjustment) と「オリエンテーション」(orientation) という用語をつかった。では、これらの用語は何を意味するのか。

　［☞「宗教的」とは、経験の宗教的性質、つまり「より良き適応」をもたらす経験の機能であるが、デューイはそれを「より良く生きる態度」として論をさらに展開する。この経験の性質は、「態度」のレベルにまで具体化される。それは一人の人間の生きる態度、すなわち「信仰」のレベルで論じられる。］

　①「適合」(accommodation, 環境に適合すること＝自分を変えること)、②「適用」(adaptation, 環境を適用すること＝環境を変えること)、③「適応」(adjustment, 環境に適応すること＝自分と環境とを変えること) は、しばしば同義語としてつかわれる。しかし、これらの用語に対応して、それぞれ相異なる「態度」(attitudes) が存在する。しかも、これらの態度は大きく相違する。したがって、はっきり理解するためには、われわれはこれらの用語を正しく区別しなければならない［デューイは『人間性と行為』において、「態度」(attitude) とは「扉が開いたらすぐにでも跳びだそうと待ちかまえている性向（disposition）である」と述べる。態度は、人間の「意思的側面」を表す重要な概念である。上掲書、p. 41、上掲訳書、p. 36］。

　①まず、「適合」について、説明しよう。われわれが出あう状況には、われ

われには変えられないものがある。もしその状況が或る限定された特定のものであるなら、われわれはわれわれじしんの側の［その限定された状況に対応する］特定の態度をその状況にあわせて修正する。例えば、われわれは天気の変化に対応してわれわれの自身を適合（accommodate）させる［＝雨が降れば、散歩をやめる］。また、収入の変化に対して、ほかに仕様のないときには、われわれ自身を適合させる［＝収入が減れば、旅行をとりやめる］。

　外部の状況が長期にわたるものであるばあいには、われわれはその状況に慣らされ、習慣づけられる。あるいは、その過程が、こんにちしばしばつかわれる用語で言えば、「条件づけ」（condition）られる。

　私が「適合」と呼びたいこの態度には、二つの特徴がある。すなわち、この態度は〈個別の〉行動の仕方を左右するが、自我ぜんたいには影響しないこと。そして、この適合の過程は、〈受動的〉（passive）であることである。この態度が行動の一般的傾向となると、それは「あきらめ」ないし「屈従」となる。

　②次に「適用」について、説明しよう。「適用」も環境に対応する態度ではあるが、「適合」とは異なる。適用の態度もまた特定的ではあるが、適合の態度よりいっそう〈能動的〉（active）である。われわれは状況に打ちかつために反応し、われわれの欲求や必要に合うように状況を変えようと努力する。例えば、外国語で演じられる劇を、アメリカの観衆の必要に合うように「改作（脚色）する」（adapt）。家屋を、家族の人数が増えたりすると、その変化に合わせて改築する。電話を、遠距離間のスピーディーな通信の需要をみたすために、発明する。乾燥した土地を、ゆたかな作物を生産するように、灌漑する。われわれ自身を状況に適合させるかわりに、われわれが状況を変えるのである。そうすることで、状況のほうがわれわれの欲求や目的に適合させられる。この過程は、「適用」と呼ぶことができよう。

③さて、これら二つの過程は、しばしば、「適応」（環境に適応すること）というもっと一般的で包括的な名称で呼ばれる。しかし、そのばあい、われわれ自身のなかにも変化が生じている［「適合」には、適合するための態度（身構え・レディネス）があらかじめなければならない。また、同様に「適用」には適用するための態度があらかじめなければならない。そして、これら「適合」と「適用」が「適応」に包括されるためには、適応するための、いっそう包括的な新しい態度ができていなければならない］。つまり、われわれの態度において──われわれが生きるこの世界に対する態度において──、さらにずっと包括的で、いっそう根底的な変化が生じている。この変化した態度は、この・あるいはあの・環境の状況に関係するのではない。また、この・あるいはあの・欲求にかかわるのではない。この変化した態度は、そうした限定的なものではなく、われわれの全人格にかかわるものである。さらにこの態度は、それが人格ぜんたいの変化であるため、持続する。この態度は、外的環境、あるいは内的環境がどれほど変化しても、それとは無関係に持続する［宗教的態度である信仰は、一時的なものではなく、長く持続する］。

　またこの態度には、われわれ自身がもっている多様な要素［＝欲求や関心］を構成し、調和させる働きがある。その結果として、われわれを取りまく諸条件のほうも、そのときそのとき変化するにもかかわらず、われわれに合わせて調整され、安定させられるのである［宗教的態度である信仰は、主体と環境との相互作用である日常生活に安定と安らぎをあたえる］。

　この新しい態度は、感じとしては、服従（submission 畏敬）の態度である。しかし、それは、自分の意思によるものであって、外部から押しつけられたものではない。自分の意思によるものであるから、この服従の態度は［前向きであり］、たんなるストイックな決意以上のものである。なぜなら、ストイックな決意というのは、運命のいたずらに翻弄されないように、ただ耐えしのぼうとするだけの態度だから［宗教的態度である信仰は、畏敬の念をもちながら、萎縮するこ

とはない］。

　「適応」を可能にするこの新しい態度は、「適用」の態度［＝外界を自分の都合にあわせようとする、自分本位の保守的な態度］よりも、外向き（outgoing）である。つまり、いつでも現状からよろこんで脱出しようとする［理想追究の］態度である。また、それは「適合」［＝外界に迎合する受動的な態度］よりはいっそう能動的（active）である。この態度は、自分の意思によるものであり、それを「意思的」（voluntary）と呼ぶことができる［信仰は、意志にかかわる事柄である］。

　しかもこの態度は、個別の事柄についての決心とか決断にかかわるものではなく、むしろわれわれの全人格という有機的完全体［＝自我］としての意思にかかわるものである。したがってこの新しい適応の態度は、意思そのもの〈の〉変化であって、意思〈における〉何か特定できるあの変化とか、この変化といったものではない［宗教的態度である信仰は、人生をつうじて永続する意志的態度である］。

　［☞ 態度は、「意志」である。デューイは、信仰を意志の問題としてさらに論をすすめる。］

　「人間の態度のなかに、このような一般的・恒久的な意思の変化をもたらすのが宗教である」。このように言うのが、成立宗教側の主張である。しかし、私はこの言い方を逆にしてこう言いたい。「こうした意思の変化が生じるときにはいつでも、すでにそこに明確に宗教的といえる態度があるのだ」と。
　こうした意思の変化をもたらすものは、［例えば、キリスト教といったような］〈成立宗教〉ではない。そうではなく、この意思の変化がおこるときには——それがどのような原因からおころうと、またその変化をもたらすきっかけがどのようなものであれ——、そこにはすでに［広い意味での、また本質的な意味での］

宗教的な態度や宗教的な働きがあるのである。

　以前にも述べたように、或る特定の教義を植えつけるための知的装置［＝教会］、そしてその装置にまといつく儀礼祈禱といったものは、厳密な意味では、こうした宗教的な経験にほんらいそなわる性質に外側から偶然に付着し、成長したものである。なぜなら、こうした付着物は、個々人がそこで育ち教育された文化と因習が、あとでつくりだしたものだから。

　同じことを考えた人がいる。サンタヤーナ［George Santayana, 1863-1952. スペイン生まれのアメリカの哲学者］氏は、経験の宗教的な性質を、詩において表現されるイマジナティヴな性質（the imaginative）と結びつけた。彼は言う。「宗教と詩とは、その本質において、まったく同じものである［なぜなら、宗教も詩も共にイマジネーションの働きによって創りだされたものだから］。両者の違いは、ただ人生の現実問題とのかかわり方が違うだけである。詩は、人生にはいりこんで作用する（intervene *in* life. 人生に直接干渉する）とき、宗教と呼ばれる。そして宗教は、それがたんに人生の表面にかかわる（supervene *upon* life. 人生をそのまま写す）ときには、たんなる詩とみなされる［なお、詩も宗教も、その結果としては、人生を変える］」と。

　　［☞ デューイは、ここで、サンタヤーナの「イマジネーション」の考え方に共鳴する。そしてイマジネーションは、適応を方向づける目的である「理想」を生みだす力であるとする。］

　人生に〈はいりこんで〉（*in*）作用するのと、人生の〈表面上において〉（*upon*）作用するとの違いは、重要である。それは、両者が同一であるのと同じように重要である。イマジネーション（想像力）は、人生の〈表面で〉作用することもあるし、また人生に深く〈はいりこんで〉［＝人格の根底において］作

用することもあるのである。

　サンタヤーナ氏が言うように、「詩は、普遍的な働きと道徳的な働きをもっている［すなわち、詩は、人生に深く介入するときには、宗教の働きをする。詩は、そのときには、人を普遍的存在（人格）とし、また道徳的存在（人格）とする］。なぜなら、詩の力［＝イマジネーション］が最もよく発揮されるのは、それが人生の理想と目的に深くかかわって作用する場合だから」。

　サンタヤーナ氏はつづけて言う。詩の力［＝イマジネーション］が人生に深くはいりこんで作用しなければ、「すべての観察は、［表面的な、］理性のない、動物的レベルにある事実の観察にとどまる。またすべての精神的・道徳的な陶冶［＝人の性質や能力を円満に育てあげること］は、たんなる抑圧になってしまう。観察された事実は［動物的状態から理性的なものに］消化されねばならない。また陶冶は人間らしい意欲［＝本人の自発的意思］を大切にしておこなわれねばならない。それができたとき、はじめてこの理性化された観察と、本人の自発的意思にもとづく陶冶は、イマジネーションがそこで創造的活動をはじめる出発点となることができる——すなわち、社会・宗教・芸術において理想を構築するための、堅固な基礎となることができる」[George Santayana: *Interpretations of Poetry and Religion*, Preface, Charles Scribner's Sons, New York, 1918 (1st ed., 1900)]。

　[☞ デューイは、サンタヤーナとともに、イマジネーションが理想を追究し、それを創造する力であるとする。この力は人生に深く介入することによって、態度（人格）を形成する。つまり、イマジネーションは、「理想である全体＝人格＝さらには宇宙＝信仰の基礎」を形成することを可能にする力であるとする。]

　サンタヤーナ氏のこの透徹した洞察に、コメントすることを許されるとすれば、私はこう言いたい。ただ表面を写すだけのイマジネーションと、人生に深

く介入するイマジネーションとの違いはきわめて大きい。その違いは、われわれの存在（人格）のすべての要素に深く完全に染みこんだイマジネーションと、われわれの存在のたんに特殊的・部分的な要素に織りこまれたイマジネーションとの、違いである、と。

　しかし、たんに事実のための事実という、理性のない、動物的レベルにある事実といったものを目にすることは、じっさいにはめったにない。そのことは、ただ抑圧以外の何ものでもない陶冶といったものを、めったに見かけないのと同じである。事実というものは、たいていのばあい、或る実際的な目標や目的との関連において観察されるし、その目的は、イマジネーションを介さずに提示されていることはない。最も抑圧的な陶冶といえども、何らかの当面の目標をもっているし、その目標は、ともかく理想の性質をもっている。もしそうでなければ、そうした陶冶はまったくのサディズム［＝相手に苦痛をあたえることによって、性的満足をえる異常性欲］である。しかし、こうした一般的な観察と陶冶のばあい、イマジネーションは不十分、かつ不完全である。イマジネーションは、遠くにまで広がることはないし、深く、広く、浸透することもない。

　　［☞ では、イマジネーションの働きは、何か。その働きには、①自我の統一、②自我と宇宙との統一、③理想の知的把握（信仰の知的側面）、④実践による理想の実現（信仰の実践的側面）がある。そしてデューイは、信仰が「実践による理想の実現」に対する信仰でなければならない、と論じる。］

　①イマジネーションと、自我の調和的統一とは、切っても切りはなせない。両者は、ふつうに考えられる以上に、固く結びついている。「一全体」（a whole）という観念は、イマジネーションによってつくられた観念なのであって、文字［＝デジタル思考］によってつくられた観念ではない。「一人の人とい

う一全体」［＝人格］であれ、「世界という一全体」［＝宇宙］であれ、いずれもイマジネーションによってつくられた観念である。われわれが観察し、考察する限定的な「世界」(world) は、イマジネーションによって拡張されてはじめて、「宇宙」(Universe) となることができる。宇宙は、知識として知ることはできないし、反省によって了解できるものでもない。ただ、イマジネーションによって想像されるだけである。

　観察であれ、思考であれ、実践であれ、そうしたものだけでは、自我の完全な統一に、すなわち「一全体」と呼ばれる自我に、到達することはできない。〈一全体としての〉自我 (the whole self) というのは、一つの理想である。それは、イマジネーションによって投影された観念である。

　② したがって、［イマジネーションによって統合された］自我を［イマジネーションにって拡張された］宇宙に、余すところなく、根底的に調和（適応）させるという観念は、イマジネーションによることなしには、ありえない（なお、ここで言う宇宙とは、自我が結びつけられている状況の全体のことを言う）。このことは、この自我の統一が、これとかあれとかの意思や決断という行為によるものではないという意味で、意志的ではないことの理由である。

　「適応」(adjustment)［＝自我を宇宙に調和させること］は、その人の意思が生んだ結果ではない。むしろ適応には、もともと意思がそなわっているのである［なぜなら、イマジネーションによって統合された自我も、イマジネーションによってとらえられた宇宙も、すでにイマジネーションによって方向づけられているのだから］。したがって、宗教家たちが、適応についてこんなふうに考えたのは、正しかった。適応は、人間の意識的な熟慮や目的を超えたところにある源泉［＝いわゆる神］から流れでてくるものだ、と。この事実は、なぜ適応が、きわめて広く、超自然的な源泉に帰せられてきたかということを、心理学的に説明するのに役立つ。またこの事実は、ウィリアム・ジェイムズ［William James, 1842-1910. アメリカの

30

心理学者・哲学者、主要著作に『宗教的経験の諸相』がある〕が、適応を無意識的な要因によるものとしたことの説明にもなるだろう。

　また、留意すべきは、自我の統一が、自我自身だけでは達成できないことである。自我は、みずからなし、苦悩し、達成する、という絶えざる流れのなかで、みずからを統一する。しかし、自我の統一は、こうした自我のみの行為だけでは達成できない。なぜなら自我は、つねに自我を超えた何ものか〔＝宇宙〕に対峙しているのだから。したがって、自我それ自身の統一は、世界の次々と移り変わる現実場面が、イマジネーションによってとらえられた一全体に——すなわちわれわれが「宇宙」と呼ぶものに——統合されるという前提なしには、ありえない。

　③イマジネーションは、経験がもつ「理想」の要素と密接に結びついている。このことは、広く一般に認められている。ところが、イマジネーションが「信仰」と結びついていることは、それほど広く一般には認められていない。「信仰」（faith）は、知ることに代わるもの、見ることに代わるものとみなされてきた〔つまり、信仰は、直接的に知ることや見ることのできないものを、知ることや見ることに代わって、確信することとみなされてきた〕。信仰は、キリスト教では、目には見えない事柄の〈確認〉（evidence）である、と定義される〔信仰は、目にはみえないものをイマジネーションによってはっきり見ること、そしてその見たものを確認することである、と定義される。すなわち、「信仰とは、望んでいる事柄を確信し、見えない事実を確認することである」。『新約聖書』「ヘブライ人への手紙」11-1〕。

　信仰について、以上に言われることの意味は、こうである。われわれは有限であり、正確ではない。そのために、現在ではわれわれの目には見えない事柄がある。信仰とは、こうした目には見えない事柄を、いわば、予想して描いた〈ビジョン〉（vision　イマジネーションによって心に描いた知的映像）である。信仰は

知ることに代わるものである。それゆえ、信仰の内容と対象は、知的な性質をもつことになる。

　ジョン・ロック［John Locke, 1632-1704. イギリスの経験論哲学者］は、このことを要約して、こう述べる。信仰とは、「或る提言に、……それを提起した人を信頼して、同意する［＝知的に承認する］ことである」と［John Locke: *An Essay concerning Human Understanding,* Oxford University Press, London, 1956（1st ed., 1689）, p. 355］。

　そこで、宗教上の信仰とは、一群の提言に対する信仰であるが、その提言は、それを提起する超自然的な提言者［＝イエス・キリスト］を信頼して、真理［＝正しい知識］であるとされるのである。すると、そこで、「理性」（reason）が必要となる。なぜなら、この［知的な性質をもつ］提言の内容を信頼することが合理的であることを証明するのは、理性だから。

　したがって、その結果として、必然的に神学が、すなわち提言を［知識として］体系的にまとめたものが、発達してくる。つまり、その信用され合意された提言の内容を、体系のかたちで明確にするために、神学が発達してくる。こうした見方からすれば、宗教にはかならず神学がともなうと主張する人たちの考えは、正しいことになる。

　④ しかし、また同時に、信念とか信仰は［知的な意味だけではなく］道徳的な、そして実践的な意味をもっている。昔の神学者たちによれば、悪霊でさえも信じはするが、しかし同時に、恐れおののくのである［「あなたは、神は唯一だ、と信じている。あなたは、それで間違っていない。結構なことだ。だが、悪霊どももそう信じて、おののいているのである」。『新約聖書』「ヤコブの手紙」2-19。道徳的に悪い人も知的には信じることができる。しかし、悪人は信じることで、道徳的にはかえって怖くなり、身ぶるいする］。そこで、「思弁的な」あるいは「知的な」信仰と、「信仰の〈証

し〉」("justifying" faith)と呼ばれる行為とが、区別されたのである。

　神学上の解釈はいろいろある。しかし、そのことは差しおくとして、次の二つの信念はそれぞれ別ものである。一つめの信念は、われわれがいだく目的こそは、行為を決定する最高至上のものであるべきだ、とする「信仰」(conviction)である。二つめの信念は、事物が、あるいは実在が、知性にとっての真理として存在するとする「信念」(belief)である［前者は、道徳的・実践的(practical)な意味での信念、つまり信仰である。後者は、理論的(theoretical)な意味での信念（知識）である］。

　道徳的・実践的な意味での信仰は、われわれの活動的な性質［＝欲望やもくろみ］が、「理想的目的」(an ideal end)によって征服され、打ち負かされねばならないことを意味している。この信仰は、理想的目的が、われわれの欲望やもくろみを支配する正当な権限をもつことを承認するのである。この承認は、実践的であって、ほんらい知的なものではない。

　この道徳的・実践的な信念は、信仰である。したがって、信仰は〈誰でも〉観察さえすれば手にはいるような［事実に関連する］証拠に依拠するのではなく、そうした証拠を超えている。［たんなる観察ではなく］「内省」(reflection 内省的思考)によってのみ——しばしば長期にわたる骨のおれる内省によってのみ——、われわれは「信仰」に到達できるのである。思考(thought)の重要な役割は、知的同意［＝知識］が正しいことを証明する証拠を発見することに尽きるのではない。

　理想的目的は、何を選択し、何をなすか［＝道徳的・実践的な行為］についての権限をもっている。この権限は、理想そのものがもつ権限であって、事実がもつ権限でもなければ、知性によって保証された真理がもつ権限でもない。いわんや、［ロックが言うように］真理を提起する人の身分や地位がもつ権限ではない。

こうした道徳的・実践的な信仰をえるのはむずかしい。かつて、人の子［＝イエス・キリスト］がきたとき、はたして彼がこの地上に信仰を見いだせるかどうかが、疑問視されたほど、それはむずかしい［「言っておくが、神はすみやかに裁いてくださる。しかし、人の子がくるとき、はたして地上に信仰を見いだすだろうか」。『新約聖書』「ルカによる福音書」18-8］。
　この道徳的・実践的な信仰は［実現がむずかしいので］、多種多様な議論によって、支援されてきた。そのなかには、こういうことを証明しようとする議論もある。すなわち、道徳的・実践的な信仰がその対象とするのは理想ではない。また、この種の信仰がわれわれに要求するものは基本的には道徳的でも実践的でもない。なぜなら、この理想なるものは、実在する事物の構造にすでに埋めこまれているのだから。
　その意味はこうである。理想は、すでに存在する事物の中心に位置する究極的実在［例えば、プラトンのイデア］である。つまり、理想ははじめから［＝経験に先だって］実在する。ただわれわれの感覚が、あるいはわれわれの堕落した人間性が、そのことを理解するのをさまたげているだけである。
　「正義」(justice) は［個人にかかわる］道徳的な理想以上のものである。なぜなら、正義は現実に存在する世界のまさに構造そのものに埋めこまれているのだから。
　人びとは、例えば、こうした考えから出発して、次に広大な知的建造物である哲学と神学を構築した。そして、理想は、イマジネーションによってつくられた理想として実在するのではなく、経験に先だって存在する実在であると論じた。
　［道徳的信念を実現するのはむずかしいので］彼らは、道徳的な実在を、［実現を必要としない］知的同意［＝知識］の事柄に変えたのである。そうすることで、彼らは、自分たちが〈道徳的な〉信仰をもたないことを露呈した。だが、彼らはそ

のことには気づかなかった。

　何ものかの存在は、そのものがわれわれの認識能力のおよぶ範囲内［つまり、人間経験内］にあるかぎりにおける、存在である。このように信じるべきはずの「信仰」が、いかなるものも、理想をふくめて、すでに［経験に先だって］存在する、という知的な「信念」［＝事実認識としての信念（知識）］にすりかえられたのである。しかも、この主張を支持するはずのフィジカル（physical 物理的）な事物が存在しないとき、このフィジカルな事物に代わって、メタフィジカル（metaphysical 形而上学的）なものがこっそりもちこまれた。かくして、道徳的な信仰は、超自然的なものについての知的な信念［＝知識］に、どうにもならないほど複雑、かつ強固に、結びつけられた。

　道徳的な信仰と行為には、それらのものが目ざす目的（理想）がある。ところが、この道徳的な目的は、ややともすると知的な信条に転換されがちなのである。そしてこの傾向は、心理学者がよく知っているあの別の傾向によって、いっそう促進された。われわれは、そうあってほしいと熱望するものがあると、それがすでにそうなっていると信じがちである。つまり、願望は、道徳的な信仰を知的な信念［＝知識］に変える力をもっているのである。さらに、周囲の状況がわれわれの願望を実現するのに不利なばあい──特に、重要な理想に対して、状況がきょくたんに不利なばあい、──こんなふうにきめつけるのは、ごくありがちな解決策である。けっきょくのところ、理想はすでにちゃんと存在するものの究極的な構造に埋めこまれている、そしてその実現が不利に見える状況は、〈ただたんに〉そう見えるだけで、気にすることはない、と。

　そうなると、［サンタヤーナの表現を借りれば］イマジネーションはただたんに人生の表面上でおこるだけで、人生に深くはいりこんで作用する責務から解放されることになる。そして、性格の弱い者は空想に耽り、逃避する。性格の強

い者は、狂信に走る。教義に従わない人たちに対しては、前者は嘆き悲しみ、後者は力ずくで改宗させようとする。

　しかしながら、以上に述べたことは、理想的な目的をもつすべての道徳的な信仰が、そうだからといって、ただちに宗教的な性質をもつということを意味しない。

　[☞　デューイはここで、彼の所論が単なる「道徳（人倫）論」ではなく、「宗教論」であることを、明らかにしようとする。]

　宗教的な性質は、「感情に彩られた道徳性」(morality touched by emotion) である。[したがって、道徳性が宗教性となるためには、道徳性が強い感情によって彩られなければならない。そして、強い感情によって道徳性を彩るためには]この道徳的な確信にとっての目的が、強烈な感情を引きおこさねばならない。しかし、その感情は、ただ単に強烈であるだけであってはならない。その感情は、自我を統一する、きわめて包括的な目的によって発動され、支えられていなければならない。そして、この包括的な目的は、さらに、この「自我」と「この包括（統一）された自我が結びつく宇宙」との両方を、包括していなければならない。

　[☞　道徳的信仰が、宗教的信仰になるためには、自我を統一するだけの包括的な目的ではじゅうぶんでない。この統一された自我をさらに宇宙と統一するいっそう包括的な目的が必要である。そのように二重の意味で包括的である理想的目的は、行為者が意志する理想であるだけではなく、「大自然」(Nature) からやってくる理想である。それは、人間経験が解明しつづける大自然が、われわれに開示しつづける理想である。それは、われわれの意志に、その実現をもとめる理想である。それは、祈りをいざなう理想である。この

ように、大自然が開示しつづける理想を探究することが、たんなる道徳的な信仰を宗教的な信仰に拡大するのである。「大自然」についてのデューイの観念は、彼の宗教論と密接に関連している。なぜなら、それはR. W. エマスンの「大霊」（over-soul）と親縁関係にある観念だからである。デューイとエマスンとの思想的関係については、拙著『デューイ教育学の特質とその思想史的背景』（pp. 247-274.）で解明しようとした。また、本書の「付論」を参照されたい。この大自然という語の意味については、この宗教論と同年に出版された『経験としての芸術』（pp. 183-184.）に、別の角度からの説明を見ることができる（なお、デューイは大自然と宇宙とを同義語としてつかう場合がある）。]

最も権威ある人たちによれば、「宗教」（religion）は、縛られている、あるいは結びつけられている、ということを意味する語源からきている［religionの語源は、ラテン語religio（結びつける）である］。もともと、宗教とは、誓いを立てて、或る特定の生き方に縛られることを意味した。それはちょうど、フランス語の「les religieux」［＝the religious］が、或る誓いを立てた男僧や尼僧を意味したのと同じである。

　そこで、宗教的な態度とは、イマジネーションによって、或る〈一般的な〉態度（a *general* attitude）［＝大自然が開示するすべての可能性を一つのこらず包括する開放的な態度］に縛られている状態のことを言う。それだけではない。この包括的な態度は、普通の意味でつかわれる「道徳的な」という語がしめすいかなるものより、その意味する範囲が広い。そして、このような宗教的性質をもつ［全体包括的な］態度は、芸術にも、科学にも、善き市民性のなかにも、見ることができるのである。

以上に述べた考えを、さきに引用した宗教の定義にあてはめると、この定義は新しい意味をもつようになる。すなわち、われわれの運命を支配する目には

見えない力［＝信仰の、超自然的な対象＝いわゆる神］というのは、理想がもつ力となる。したがって、すべての将来における発展の可能性は、可能性であるかぎり、この理想の力によって実現される。そこで芸術家も、科学者も、市民も、子をもつ親も──彼らが自分に課せられた使命（callings. 天職・神のおぼしめし＝理想）の精神によって動かされているかぎりは──、この目には見えない力によって支配されているのである。

なぜなら、より良きものへの努力は、いずれもみな、可能なもの［＝目的とする理想］に対する信仰によって動機づけられているのであって、けっして、現実に固執することに動機づけられているのではないのだから。また、この信仰を動機づける力は、知的な確実性や知的な信念ではない。つまり、目ざす目的はかならずうまくいき、経験において具体化されるという知的な信念ではない。なぜなら、目的がもつ権限は、「理想にほんらいそなわる特質」（the intrinsic nature of the ideal）にもとづくものだからである。

目的には、われわれの態度や行為を決定する権限があるのである。つまり、目的には、われわれの忠誠と献身を要求する権利がある。この目的がもつ権限ないし権利は、われわれの知的な信念にそなわるものではなく、理想ほんらいの性質にそなわるものである。したがって、目的の追究に最善の努力を払いさえすれば、その結果は問われない。目的は、理想そのものが要求するものだから。

アイディアリズム（理想主義）と呼ばれるすべての知的体系は、それほんらいの欠点をもっている。つまり、アイディアリズムは、もともと活動（実践）を軸にしたアイディアリズムである。ところが、このアイディアリズムは、その活動に先だつ実在［例えば、プラトンのイデア］を信仰するアイディアリズムに変身してしまうのである。ところで、この信仰の対象となる［超経験的な］実在は、われわれの観察と反省［＝人間経験］がそこへ導き、支持する実在とはこと

なる性格のものである。そこで、アイディアリズムは、どうしても、超自然的なものと結びつかざるをえなくなる。

　宗教には、バラバラで移ろいかわる出来事のなかに、「全体的な見とおし」（perspective）［＝人生観、世界観などで言われる「全体を把握する観」。この「観」はイマジネーションの働きであり、そこには理想の性質が、したがってそこに到達したいと願う目的が、ふくまれる］を導入する力がある。高貴な理想的性質を特徴とするすべての宗教は、これまで、宗教のもつこの力を強調してきた。しかし、ここでもまたわれわれは、この言い方を次のように言いかえなければならない。すなわち、「純粋な全体的見とおし［＝観］を導入するものは、それがいかなるものであれ、宗教的である」と。そして宗教がまずあって、その宗教がその見とおしを導入するのではない、と。

　［☞　ちなみに、デューイがもつ全体的見とおし、ないし彼が希求する「世界の観」は、「生きている全体」（a living whole）としての世界である。つまり、一匹の生き物としての世界である。それは、彼が17歳のとき、ハックスリの『人体生理学教科書』（1866年）から読みとった「人体の相互依存と相互関連的統一の感じ」（a sense of interdependence and interrelated unity）を本質とする世界である。そしてこの「感じ」は、やがて、彼の長い哲学的遍歴をへて、「民主主義社会」という彼の理想——大自然をシンボライズする理想的社会——に発展するのである。この思想的展開の詳しい経緯については、拙著『デューイ教育学の起源』（松籟社、1979年）を参照されたい。］

　われわれが、われわれには支配できない力に依存していることに、疑問の余地はない（もし、この定義の第二の要素［＝目には見えない力が人間の運命を支配すること］を考えるならば、である）。原始の人たちは、この力のまえではあまり

にも無力だった。したがって、特にきびしい自然環境にあっては、恐怖心が彼らの態度を決定した。そして、古い諺が言うように、恐怖心が神々を創りだしたのである［なお、「恐怖心が神々を創りだした」と言ったのは、ヒューム（David Hume, 1711-1776）である］。

しかし、環境を支配する手段が増大すると、〈それとともに〉恐怖心というものは相対的に減少した。楽天的な人たちは、この環境の力は、全体としては、もともと優しく慈悲ぶかいものなのだと、最後には言いきったほどである。ところが、危機がくるたびに——それが個人にこようと、社会にこようと——、人間は自分のおこなう支配があてにならない、不完全なものであることに気づくのである。

人間が、個人として、あるいは集団として、最善の努力をつくしたとしよう。しかしそうした場合でも、いろいろな時と所で、悲運と幸運、偶然と天命などといった運・不運を思いしらされる状況にでくわす。そうしたとき、男らしい人間は、なにがなんでも、自然の力や社会の力を人間らしい目的にむけようと努力しなければならない、それが人類の使命である、と強く主張する。だが、こうした努力の万能を、無制限かつ絶対的に主張することは、知的な勇気というよりは、むしろエゴイズム（自己中心主義）である。

人間の運命は、人間が自由に支配できない力と、きまりきったかたちで関連しているのではなく、複雑に絡みあっているのである。この事実は、帰依とそれにともなう謙虚な行為が、成立宗教の伝統的な教義によって定められたとおりでなければならない、と思いこむことを不要とする。むしろ、もっと大切なのは、自由に支配できない力に依存しているとう気持ちを、どのようなかたちで表現するかである。それを恐怖心というかたちで表現するのはよくない。恐怖心は、いかなる人の人生においても、安定した「全体的な見とおし」をあた

えることはなかった。

　恐怖心は、全体的な見とおしを分散させ、後退させる。たいていの成立宗教は、げんに、贖罪（expiation 罪滅ぼし）と慰撫（propitiation ご機嫌とり）の儀式［＝どちらもわれわれの恐怖心から生じるネガティヴな気持ちを表す儀式］にプラスして、コミュニオンの儀式［＝プロテスタントでは聖餐式、カトリックでは聖体拝領＝キリストの聖体の象徴であるパンと霊の象徴であるブドウ酒を拝領すること＝キリストとつながろうとするポジティヴな気持ちを表す儀式］をつけくわえている。なぜなら、自由に支配できない力に依存しているということは、たんにわれわれに課せられた敗北を意味するのではなく、われわれの努力や希求を支援する環境と積極的につながることを、意味するからである。

　根本において、宗教を宗教でなくする態度とはどういう態度だろうか。それは、人間のなしとげた業績や人間のいだく目的を、孤立した人間に——自然界と彼の仲間社会から孤立した人間に——帰す態度である。われわれが成功するためには、自然［人間社会をふくむ］の側の協力がなければならない。たしかに、人間性そのものの尊厳を感じることは大切である。それは、畏怖と畏敬を感じることと同じように、宗教的である。しかし、そのためには、人間という小さな自然を「より大きな全体」（a larger whole. 大自然）の協力的部分である、と感じることが必要なのである。

　自然に対して敬虔の念をもつことは、かならずしも世界の出来事にただあきらめムードで黙従することではない。また、世界をただロマンティックに理想化することでもない。自然に対する敬虔の念は、自然を、われわれがその一部分をなす全体として、正しく感じることから生じるのである。そしてそのさい、われわれ人間は、知性と目的をもつことを特徴とする、この全体の協力的部分なのである。つまり、われわれ人間は、知性と目的によって、状況を変え、それを人間から見て望ましいもの［＝理想］に調和させようと努力する役割をに

なうのである。こうした意味での敬虔の念は、正しい人生（life 生命活動＝生活）の全体的な見とおし［＝信仰］に、ほんらいそなわる要素である。

　さらには、また、理解力と知識がこの宗教的性質をもつ全体的な見とおしに参加しなければならない。真理は、［理解力と知識によって］正しく方向づけられた人間の共同的努力によって、絶えることなく解明されていくのである。この絶えざる解明に対する信仰は、完成された啓示［＝成立宗教における真理］に対するいかなる信仰よりも、その性質において、もっと宗教的である。もちろん、こんにちでは、啓示は、もう終了したという意味で完成されているのではない、とするのが一般の考えである。しかし、成立宗教はこう主張するのである。本質的な枠組みは、少なくともそれがもつ重要な道徳的な意味あいにおいては［科学的な真理との関連は別として］、すでに完結しているのだ、と。そして、新しく現れる事柄は、この枠組みに一致するかどうかで、その善し悪しが判断されなければならない、と。

　〈成立宗教〉は、教義のうえでしっかり固定された、何らかの判断基準を必要とする。しかし、われわれは真理はどこまでも厳しく探究できると信じるのである。われわれは、真理への接近を、或るきまったチャンネルとか枠組みに限定したりはしない。まずはじめに真理は普遍的であると言っておきながら、すぐそのあとでその真理への道は一つしかない［＝教会しかない］、とつけ加えたりはしない。われわれは、真理を保証しようとして、いかなるドグマや信条箇条にも服従しない。

　われわれはこう信じる。自然界における人間と彼の環境との相互作用は、さらなる知性を生み、さらなる知識を創造する、と。そしてそのための条件は、科学的な方法が——そこでは、知性の働きが何であるかが明らかとなる——世界の謎をさらに深く、深く、探究することである、と。そして、そのさい、こ

の科学的方法そのものが、そうした働きをするなかで、促進され、改善されるのだ、と。

　知性に対する信仰が、宗教的な性質をもつようになることもある。この事実は、なぜ一部の宗教家たちが、知性が力となる可能性をあえて軽視しようとするのか、その理由の説明となるだろう。彼らは、当然のことながら、こうした知性に対する信仰が、彼らにとって危険なライバルである、と感じているのである。

　上に述べたような理想への忠誠心によって意識的に活気づけられた生活は、まだまだ希少である。また、宗教的な働きをする情熱を呼びおこせるほどの包括性と強靱性をもつにいたった生活は、めったに目にしない。その理由は、こうした理想と、それが奮いたたせる行動とが、まだまだ無力だからだろう。だが、そのように推量するまえに、われわれは少なくとも次のように自問しなければならない。この現状は、何によっておこるのか、と。それは、経験の宗教的要素が、超自然的なチャンネルに引きこまれているからではないのか、と。そのために、宗教的経験がどうでもよいお荷物を背負いこんでしまっているからではないのか、と。

　こんにち、成立宗教の信仰や儀式祈禱は、人類共通の自然な関係［＝社会］から、切りはなされている。したがって、こうしたものは、この関係［＝社会］に内在する可能性がもつ力を弱め、殺している。信仰や儀式祈禱は、強力であればあるほど、そうした結果を生むのである。ここに、宗教から宗教的性質を解放しなければならない理由の一つがある。

　理想的目的のために、障害と闘い、身命の危険をものともせず、この目的の一般的かつ恒久的な価値を確信して、やりとげようとする活動は、いずれもみ

な宗教的な性質をもっている。げんに多くの人たちが、つまり研究者・芸術家・慈善家・市民・ごく普通の職業に従事する人たちが、うぬぼれも、てらいもなく、この理想的目的にむかってりっぱに自我を統一している。また、自我とその生存条件（環境）とのかかわりを、みごとに統一しているのである。残された課題は、こうした人たちの精神とインスピレーションを、ますます多くの人たちに広げることである。

　私は、実在するもろもろの成立宗教、ないし宗教について、手厳しいと思われることを言ったかもしれない。もしそうであるなら、それは私が固くこう信じるからである。成立宗教は、自らが理想を独占し、またその理想を推進するための唯一の超自然的な方法をも独占していると、かってに主張する。だが、自然界でなされる人間経験には、ほんらい明らかに宗教的な価値がそなわっているのである。ところが、残念なことに、成立宗教はこの価値を実現することをさまたげている、と。

　私は、「宗教的」という形容詞を何度もくりかえしつかった。そのために、私の言ったことが、これまで宗教としてみとめられてきたものを弁護する、仮面をかぶった護教論であると取りちがえた読者があったかもしれない。もしそうだったら、ほかの理由はともあれ、私は遺憾に思う。私が考える宗教的な価値と［成立］宗教との対立を、橋渡しすることはできないのである。この宗教的な価値を解放することはきわめて重要である。したがって、この宗教的な価値を、成立宗教の信条や儀式祈禱と同一視することは、破棄されなければならない。

第2章
信仰とその対象

　すべての［成立］宗教は、前章で指摘したように、それぞれ独自の知的信条をもっている。そしてすべての宗教は、この教義（doctrines）が真理であることに同意することをもとめる――ただし、その同意をどれだけ重視するかは、宗教によってことなる。なお、ここで言う真理とは、［教義にかかわる］知的な意味での真理である［知的な意味での真理とは、例えば、太陽が地球のまわりをまわっているのか、地球が太陽のまわりをまわっているのか、その事実についての真理である。あるいは、イエスが死後3日めに復活したかどうか、その事実についての真理である］。

　そこで、すべての宗教は、特別に神聖なものとされる正典［＝教団や教会が公式にみとめている、教義の規準となる書物］をもつことになる。そして、そこには、その宗教の正当性をしめすのに都合のよい歴史的な資料が記載されている。つまり宗教は、「信者たち」にうけいれることを義務づけた「教義一式」（a doctrinal apparatus）なるものを開発しているのである（なお、どれほどきびしく義務づけるかは、宗教によってことなる）。さらに宗教は、彼らが信奉する真理にちかづくためには、或る特別で独自な通路［＝儀式・祈禱・修行］がある、と強く主張する。

　こんにち、宗教は危機に瀕している。この危機的状況が、上にみた宗教サイドからの教義の押しつけに密接に結びついていることを、否定する人はいない

45

と思う。社会には懐疑主義と不可知論が蔓延している。このことは、宗教家の立場から見れば、宗教心を破滅させる危険なものである。この懐疑主義と不可知論は、宗教にかんするすべての事柄に不可欠な歴史・宇宙・倫理・神学についての知識に直接かかわるものである。では、この知識に対する疑惑や不信、そして不安や拒否を生んだ原因はいったい何なのか。だが、私が今ここでその原因をくわしく述べる必要はない。ただ次のことを指摘するだけでじゅうぶんである。

疑問視されている信念や思想は——それが教会の歴史や文献にかんするものであれ、天文学・地学・生物学にかんするものであれ、世界と人類の創造とその構想にかんするものであれ——、すべて超自然的なものに結びついている。そしてこの超自然的なものとの結びつきこそが、宗教に不可欠なこの知識に、疑惑と不信をもたらした原因なのである。そしてこの原因によって、歴史的・制度的宗教の立場から見るなら、宗教的生活そのものが枯死しつつあるのである。

もう少し簡単に、わかりやすく説明しよう。世界と人類の創造とその構想についての或る特定の見解［＝旧約聖書に述べられた天地創造説］が、そして人類の歴史およびその歴史上の人物と出来事についての或る特定の見解［＝新約聖書に述べられたイエス・キリストの生涯と死と復活の説］が、宗教に織りこまれ、宗教と一つになってしまっている。ところが、その一方で、知識の発達、そして知識を獲得し検証する方法の進歩は、こういった古い信念をうけいれることをますますむずかしいものにした。教養ある大多数の人たちは、もはやこの古い信念［＝知識］をうけいれることができない。こうした知識が、宗教を正当化するための基礎として使用されればされるほど、宗教はますます疑わしいものになっていく。それが、まさに事のなりゆきなのである。

第 2 章　信仰とその対象

　教会は、その権威によって、聖書に述べられた特定の説を、宇宙・歴史・神学にかんする信仰内容とすることができる、という考えがある。しかし、プロテスタント（新教）の諸宗派は、今ではこうした考えをほとんどすべて放棄している。プロテスタントのなかでも比較的リベラルな宗派は、もっと進んでいる。キリスト教の「教義一式」を知的にうけいれることを拒絶する原因になっているのは、人間の固陋で堕落した心であるという古い信仰を、少なくとも緩和している。

　しかし、こうしたプロテスタントの諸宗派は、きわめて少数の例外はあるものの、また同時に、或る最少限度の［聖書に由来する］知的内容を不可欠なものとして温存している。すなわち、彼らは、特殊な宗教的な力を、或る文献的資料［＝聖書］と或る歴史的な人物［＝イエス・キリストなど聖書に描かれた人たち］に、あたえている。彼らはうけいれるべき［聖書に由来する］知的内容の量を大いに減らしはしたが、それでも少なくとも有神論［＝世界の外部に存在し、世界を創造してこれを永遠に支配する人格神を信じる立場］と、個人の霊魂は不滅であるという信仰は、捨てていない。

　私は、「科学と宗教との葛藤」という名称で総括される重大な事柄について、ここでくわしく述べようとは思わない。この問題は深刻である。したがって、もしちょっとでも納得をえることがぜったい必要とされるなら、それをただたんに科学と神学との葛藤と呼ぶことで、簡単に片づけるわけにはいかない。

　天文学が与えた衝撃は、よく知られている。天文学［例えば、地動説］は、古い宗教が奉じる宇宙論［＝天動説］に影響をあたえただけではない。それは、歴史上の出来事に関連する教義の内容をも変えた。そのことは、例えば、「昇天」（ascent into heaven）の観念を見ればわかる［昇天とは、キリストが復活後、弟子たちのまえに現れ、40日後彼らの面前で天に昇ったことを言う（「ルカ伝」、24-51）。天文学

は、こうした歴史上の出来事にかんする教義の内容をも変えた]。

　地質学上の発見は、かつては重要視されていた天地創造の神話を追放し、それにとってかわった。生物学は、霊魂や精神についての考え方をがらりと変えた。霊魂や精神は、かつては宗教上の信念や観念の中心にあったものである。またこの科学（生物学）は、罪・贖罪・霊魂不滅の観念にも、重大な影響をあたえた。

　人類学、歴史学、そして聖典の原典批評は、キリスト教がよって立つ歴史上の出来事や人物について、まったくことなる解釈を提起した。心理学は、超常的な現象［例えば、奇跡］について——あまりにも超常的であるために、かつてはその超自然的な起源［＝神］が、いわば、その自然的な説明であった現象について——、自然な説明を開示しつつある。

　以上に縷々（るる）述べたが、私はこう言いたかったのである。探究と反省の新しい方法［＝科学の方法］が、今や教養ある人たちにとって、事実（出来事）・存在・知的同意（知識）にかんするすべての問題の、最終的な判定者になっている。まさに「知的権威の座」において、革命（revolution）といってもよい変化がおこったのである、と。

　この革命こそは、変化した事態の核心である。この革命が、あれとか、これとかの個々の宗教的信念にあたえた影響は、副次的なものである。この革命においては、敗北（失敗）は、いずれもみな、新たなる探究を引きおこす刺激である。かちえた勝利（成功）は、いずれもみな、さらなる発見を誘（いざな）うために開かれた門戸である。なされた発見は、いずれもみな、知性ゆたかな土壌に植えつけられた新しい種子である。そして、この種子からは、生き生きとした苗が育ち、新しい実が生まれるのである。

　人間の精神は、新しい方法と理想に今や習熟しつつある。真理にいたるため

の確実な道は、ただ一つしかない。それは、みんなと共同しておこなう忍耐づよい探究の道である。観察し、実験し、記録し、統制された反省的思考を手段としておこなう、科学的探究の道である。

　この変革がどれほど広範囲に伝統的教義を変えたかは、次の事実からも具体的に知ることができる。この変革を防ぐ戦いで、どこかの前哨部隊が降伏すると、リベラルな神学者がいつもかならずこんなふうに言って応戦する。降伏したあの教義、または証拠はないが教会が承認したあの歴史上の、あるいは文献上の主張は、けっきょくは信仰の本質的部分ではなかったのだ、と。そして、そんなものはないほうが、宗教の真の本質がもっとはっきり見えてくるのだ、と。
　この変革がもたらした、それに劣らず重要な変化は、プロテスタント教会内部でのファンダメンタリストとリベラルとのあいだの裂け目が、ますます深化したことである［ファンダメンタリスト＝原理主義者＝20世紀の初め、ヨーロッパの自由主義神学の影響がアメリカのプロテスタント教会におよんだとき、これに抵抗して信仰の根本的教理を固守しようとした人たち。リベラル＝自由主義者＝個人の内面的自由を教会など自己以外の外在的権威の束縛から守ろうとした人たち＝ダーウィンの進化論をうけいれ、教会を世俗化しようとした人たち］。この対立の問題は、あれとかこれとかいった個々の〈信仰箇条〉にかかわる問題ではない。そうではなく、むしろこの問題は、個々の知的信仰箇条が、すべてみな、それによって到達され、正当化されるべき「方法」（method）の問題なのである［この両陣営間の対立は、科学的な探究の方法を採るか、採らないかによっておこる］。しかし、このことについては、まだどちらの陣営によってもはっきり自覚されていない。だが、おそらくリベラルより、ファンダメンタリストのほうが、いっそう明確にわかっているものと思われる。

われわれが、しっかり心しなければならないことがある。それは、宗教的な性質や価値は——いやしくも、それが実在するかぎり——、知識として認められているいかなる信仰箇条にも関係がないし、有神論の神の存在という信仰箇条にさえも関係がない、ということである。現状にあって、経験にそなわる宗教的働きを解放するためには、それ自身の本性によって宗教的であるとされる特種な真理［＝宗教にだけ認められた真理］といった考えをすべて放棄すべきである。またそうした真理に接近するための特殊な方法［＝自然科学的な方法以外の、宗教にだけみとめられる方法、例えば「直覚」といった考えも、同時に捨てなければならない。

　なぜなら、もし事実と真理とを確認する方法はただ一つしかないことをみとめるならば、知識と探究のいかなる領域における新しい発見も、宗教的である信念［＝教義に関連する知識］を混乱させることはないからである。私がここで言う方法とは、その最も一般的で、広い意味での「科学的な」(scienticfic)方法である。

　［☞ 真理を発見する方法を、科学的方法だけとし、宗教独自の方法を排除すれば、真理は一つになり、宗教〈対〉科学の対立はなくなる。こうした発想は、サンタヤーナの考えと共通する。サンタヤーナは、宗教が事実に関与すれば、宗教は嘘つきになる、宗教はイマジネーションを介して理想とのみ関与すべきである、とする。しかし、もちろんデューイにとって、事実（社会の現実）に関与しない宗教といったものは、ありえない。したがって、宗教も、事実にかんしては、事実を処理する新しい科学的方法に依拠するしかない。そこで、デューイは、宗教独自の方法によって、成立宗教において確立されている真理（教条）を、いっさい排除すべきであるとする。なお、本章後半においてデューイは、宗教的理想は個々の現実問題にかかわるものではなく、われわれの「態度」にかかわるものであることを強調する。そのことは、またサンタヤーナの考えと共通する。Santayana:

第2章　信仰とその対象

Poetry and Religion, Charles Scribner's Sons, 1918.］

　私はこうした信仰を、「包括的な理想的目的に献身することによる、自我の統一」(the unification of the self through allegiance to inclusive ideal ends) と呼びたい。イマジネーションが、この包括的な理想的目的をわれわれに提示する。そして、われわれ人間の意思が、この包括的な理想的目的に、人類の願望や選択を支配するのにふさわしいものとして、反応するのである。

　［☞ デューイがここで「自我の統一」という考えをもちだしてくる理由は、信仰というものが、各個人がすばらしい価値や善に対してとる「態度」だからである。「態度」は、まさに「自我の統一」である。そのさい、理想的目的は個々の目的ではなく、自我全体を包括する目的でなければならない。］

　多くの知的エネルギーが、知識にいたるための普通のプロセス［＝科学的方法］から逸らされた。そして、そのエネルギーは、歴史上の諸宗教が大切にする教義を合理化するのにつかわれてきたのである。このように無駄な努力につかわれた知的エネルギーが、どれほど膨大なものなのかは、おそらく想像さえできない。
　一般の人たちの精神に、このようにしてあたえられたワン・セットの教義は、或る一つの信仰箇条がもたらす害よりも、有害である。私はそう思う。もちろん、一つの信仰箇条をうけいれることから生じる害も、深刻ではある。
　キリスト教の知的内容を現代化したリベラルな説明は、かつて反抗をうけた古い教義よりも、現代人には合理的にみえる。ところが、実際はそうでもないのである。中世の神学者たちも、ローマ教会のすべての教義に合理的な説明をつけようと苦労していたのだから。こんにちのリベラルな神学者が、自分の信

奉する教義を知的に定式化し、正当化するのに苦労しているように、彼らも苦労していたのである。

　私が以上に述べたことは、次の信仰箇条にあてはまる。次々とおこる奇跡（miracles）・ざんげ（penance）・贖宥（indulgences）・聖人と天使（saints and angels）などにあてはまる。もちろん、三位一体（trinity）・受肉（incarnation）・贖罪（atonement）・聖餐（sacraments）などにもあてはまる。しかし、私は繰りかえして言う。根本的な問題は、これとかあれとかいった個々の知的信仰箇条ではない。そうではなく、ワンセットになったこれらの信仰箇条である。つまり、知的習慣、方法、そして規準が問題なのである［すなわち、古い教義を捨てて、科学的方法を採るか、それとも採らないのかの問題なのである］。

　変化した［新しい科学的］知識および方法は、宗教の知的内容と衝突する。この衝突を避けるための方法の一つは、領域と管轄権を二つの部分にわけるやり方である。かつてこれら二つの部分は、「自然の領域」（realm of nature）と「恩寵の領域」（realm of grace）と呼ばれた。こんにちでは、しばしば、「啓示の領域」（realm of revelation）［＝人間の力では知ることのできない真理を、神が直接人間に開示する領域］と「自然的知識の領域」（realm of natural knowledge）［＝経験による、自然についての（超自然的でない）知識の領域］として知られる。

　現代のリベラルなプロテスタントは、これら二つの領域についてはっきりした名称をもっていない。おそらく、前章で述べた、科学的経験と宗教的経験との区別ぐらいのものしかもっていない。その区別が意味するのは、こういうことである。一つの領域では、科学的な知識の支配権が認められねばならない。だが、あまり正確な境界はないが、もう一つ別の領域がある。この領域は、個人の心の奥ふかくにおいてなされる経験の領域であって、そこでは［科学的方法とはことなる］別の方法と規準とが支配する。

この［いわば棲み分けのように領域を分割する］方法は、第二の領域を正当化するためのものである。第二の領域では、信仰の或る特定の内容［＝超自然的な内容］が特異な仕方で［例えば、啓示によって］、合法的に［＝教会の伝統に正しくしたがって］主張される。だが、こうした主張を正当化するためのこのやり方は、ただちに「異議あり」という反対にさらされる。すなわち、肯定的な結論が、否定的な事実から導きだされている、として批判される。つまり、宗教的性質をもつ内容には独自の分野が実在するのであると積極的に主張するために、実在する無知［＝科学的には知られていないこと］が、あるいは積極的には言えないこと［＝まだ科学的な裏づけがなされていないこと］が、つかわれているからである。

だが、こうも主張される。これら二領域間のギャップは、せいぜい、げんざい存在する人間思考の限界を反映するもので、やがて解消されるものである。人間経験の或る領域［＝宗教の領域］、ないし或る側面は、まだこれまでに科学的方法によって「侵略」されてはいない。したがって、この領域は、これからも科学的方法に支配されることはないのである、と。

しかしこうした議論は、昔からあるが、危険な議論である。この議論は、或る特別席［＝宗教の領域］で、なんどもなんどもその効力が否定されてきた議論である。例えば、心理学はまだ幼く、未発達である。個人の心の奥ふかくにおいてなされる経験は、けっして自然的な知識［＝心理学］の範囲にはいることはないと断言する人は、勇敢というより、もはや無分別と言ってよい。

しかし、ここでもっと適切なのは、宗教家たちのとっておきの特別席とされる領域について考察することである。その領域とは「神秘的経験」（mystical experience）である。しかし、神秘的経験と、神秘的経験についてわれわれに提示される理論とは、別ものである。この点は、特に留意すべきである。神秘的経験は、探究されるべき事実である。理論は、すべての理論がそうであるよ

うに、その事実についての解釈である［デューイは、神秘的経験は不思議な、したがって探究の発端となる経験として承認する。しかし、それを、神の存在を証明するものとする解釈を否定する］。

　神秘的経験とは、ほんらい、神（God）の直接的な現前（目のまえに現れること・目のまえにあること・存在）を真実のものと実感することである［つまり、神秘的経験は神の存在を証明するものである］とする考えがある。しかしこの考えは、神秘的経験という事実そのものを検討することにもとづくものではない。むしろ、それは、神秘的経験という事実を解釈するさい、この神秘的経験の外部でつくられた概念［＝神］を持ちこんでいる。つまり、この考えは、超自然的存在［＝神］というあらかじめ持ちこまれた概念にもとづく解釈である。この超自然的存在こそは、証明されなければならないものである。ところが、それを自明のものとして論をすすめるのだから、この考えは、「先決問題要求の虚偽」［＝前提となるべき論点そのものを無証明に仮定する虚偽］を犯していることになる。

　過去から、多くのタイプの神秘的経験が伝わっている。そして、いずれのタイプも、その時代ごとに、説明されてきた。つまり、この神秘的経験が生じた当時の文化と社会に広く普及していた概念［＝神秘的経験の外部でつくられた概念＝例えば教会によってつくられた概念］によって、説明されてきた。

　［では、現在にいたるまでに、じっさい、どのような神秘的経験があったのか。］例えば、北アメリカ・インディアンの一部の部族にみられるような、断食によっておこる神秘的危機の経験がある。この経験には、トランス［＝霊媒（巫女）が神からの交信を媒介するさいに陥る無我・自失の状態］や、なかばヒステリーのような状態がともなう。この経験の目的は、或る特別なパワーをえることである。例えば、行方不明の人がどこにいるのかを知ったり、隠されたものを発見するといったようなパワーをえることである。

ヒンズー教の修行による神秘的経験がある。これは、こんにち西洋諸国でけっこう流行している。新プラトン主義［＝3世紀にアレクサンドリアで、プロティノス（204-270年）がプラトンの思想と東方の神秘主義を結合させてはじめた哲学体系。神との合一を神秘的エクスタシーの状態にもとめる神秘主義の祖］の神秘的エクスタシーがある。これは、自我の完全な放棄と、存在という非人格的全体への合一を追求する。強烈な美的経験という神秘的経験がある。これは、いかなる神学的解釈あるいは形而上学的解釈とも関係がない。ウィリアム・ブレイク［William Blake, 1757-1827. イギリスの詩人・画家・神秘思想家］の異教的な神秘的経験がある。とつぜん訪れる理由のない恐怖［例えば、金縛り］という神秘的経験もある。これは、自分の足元の地盤そのものを揺るがすようなものである。以上は、思いつくままに、神秘的経験の具体例を、ごく少数あげたにすぎない。

［こうした神秘的経験については、多様な解釈がなされてきたが、そこには共通する要素といったものはない。］例えば、［古代の］新プラトン主義の最高神（super-divine Being）との合一という神秘的エクスタシーの概念と、中世のキリスト教理論の［神との］直接的な合一とのあいだに、どのような共通要素があるのか［両者のあいだには共通点はほとんどない］。前者の神は、人間の欲求や人間の生活状態とはまったく無縁である。ところが後者のばあい、この直接的な合一は、サクラメント［＝洗礼と聖餐をおこなう儀式］に出席することや、イエス・キリストの愛に精神を集中すること［＝人間にかかわる事柄］によって、育まれるとされる。現代のプロテスタント神学者の一部は、宗教的経験における神との内面的・人格的な霊的交わり（communion）の意義を強調する。しかし、このように神との霊的交わりを強調することは、中世キリスト教にはなかったことである［つまり、現代のプロテスタントの神秘的経験についての説明は、中世キリスト教神学のそれとも共通点をもたない］。それは、新プラトン主義やヨーガから遠くかけはなれてい

るのと同じ程度に、中世キリスト教から、かけはなれているのである。

　神秘的経験についてのこれらの解釈は、入手可能な科学的資料をつかって、神秘的経験そのものから導きだされたものではない。これらの解釈は、周辺の文化に普及している観念［＝例えば教会がつくった観念］から、無批判に借用され、持ちこまれたものである。

　シャーマンや北アメリカ・インディアンの一部の部族にとって、神秘的状態は、そっちょくに言って、或る特殊なパワーをえるためのテクニックである。つまり、信仰復興論者［＝既成の宗教制度・教義・慣行に安住している信徒の宗教的情熱を覚醒させようとする人たち］の一部のセクトがもくろんだ、まさに〈あの〉激しいパワーをえるためのテクニックである。シャーマンらは、特にこの神秘的経験を知的に客観化しようとはしない。獲得されるとされる知識は、存在者（神的存在）についての知識ではなく、秘儀をおこなうための特別なまじないや秘法についての知識である。彼らの目的は、至高の神的パワーについての知識をえることではなく、神のお告げ・病気の治療方法・威厳などをえることである。

　神秘的経験は、われわれが神や神聖な事柄についての知識をえるための正規の宗教的な体験である、とする考えがある。しかし、こうした考えは、19世紀になってからの解釈であって、キリスト教護教論［＝２世紀のころ、キリスト教批判に対する弁明としてはじまった議論（神学）。キリスト教の正当性・真理性を哲学的に論じた］の古い方法［＝哲学的な議論による方法］が衰退したとき、それとはまったく逆に、人気をさらうことになった考えである。

　神秘的と呼ばれる経験が実在することを、否定すべき理由はない。それどころか、その反対に、神秘的経験は、強さの程度はいろいろあるが、しょっちゅ

うおこる経験と考えてよい。したがって、神秘的経験は、特別の経験ではなく、どのような経験も、それが発展し、自らのリズムの或るポイントに達すると、ふつうにおこる経験［＝科学的探究の発端となる不思議な、つまり問題解決を迫る、経験］とみなしうる。

　神秘的経験には客観的な内容［＝神の存在を証明するもの］がある。そして、誰かがその内容についてなされた解釈［＝その内容から論証された神の存在］を否定したとしよう。すると、それに対して、次のような反論がおこる。その解釈を否定するのは、そうした経験をしたことがないからである。もしその経験をすれば、誰でもその経験が神の存在についての客観的な根拠となりうることを、同じように納得するだろう、と。しかし、このように反論するのは、事実にもとづかない勝手な解釈である。

　その理由はこうである。われわれの経験すべてについて言えることだが、神秘的と呼ばれる状態［＝神秘的経験］が生じることは、その原因が何であるのかを探究するチャンスの訪れであるにすぎない［われわれは、不思議を感じたとき、その原因を究明したいの思うのだから］。にもかかわらず、その神秘的経験そのものと、その経験の原因を知ることとを、直結するのは間違いである。落雷を見る経験の場合であれ、その他どのような自然現象の場合であれ、その経験そのものをもって、その経験の原因を知ることとするのは、［雷の原因は雷であるとするのが間違いであるように］間違いである。上に述べた反論は、それと同じ間違いを犯している。

　神秘主義について、以上に簡単にふれた。ところで、私の意図は、神秘的と呼ばれる経験がじっさい存在することに、疑問を投げかけることでもなければ、神秘的経験なるものを解明するための理論を提起することでもなかった。私はただたんに、われわれの身辺につねに見かける次の一般的傾向を示すよい実例

として、この神秘的経験にふれたにすぎない。すなわち、われわれは［何か問題があると］二つのまったく異なる領域を設けるといったことをよくする。一方の領域では、科学が管轄権をもっており、もう一方の領域では、宗教的な対象［＝神など］についての宗教独自の直接知［＝科学的方法によらない知識］が支配権をもっている。

　こうした二元論は、こんにち神秘的経験を解釈するさいに、或る特定の信仰［＝ユダヤ・キリスト教］を承認する目的でつかわれる。しかし、この二元論は、自然と超自然との対立という古い二元論の再来であるにすぎない。ただそれは、現代の文化的状況にもっと適した言葉で述べられているだけである。科学が異議をとなえ、問題にするのは、超自然という概念である。したがって、このタイプの議論が、循環論法であるのは明らかである［なぜならこの議論は、超自然という概念を論証しないで、それを使って神を論証するのだから］。

　宗教の擁護論者たちは、しばしば、科学におこりつつある観念やデータの変化・変遷を指摘する。そして、この事実をもって、科学が知識のあり方として信頼できないことの証拠であるとする。現世代においては、科学の基礎となる物理学の概念に大きな、ほとんど革命的と言ってよい変化がおこる。すると、彼らは、しばしばこの変化をみて、はしゃぎまわるのである。

　だが、彼らが思いこんでいるように（あるいは、それ以上に）、この科学的知識が信頼できないものだとしよう。仮にそうだとしても、問題はのこる——では、何かほかに知識をえる方法はあるのか、と。しかし、はっきり言って、彼らは問題の核心を見逃している。

　科学というものは、知識内容によって成りたっているのではない。科学は、方法によって成りたっているのである。その方法とは、検証済みの探究によって、信念［＝知識］を変えたり、新しい信念に到達する方法である。科学の研

究内容は、方法が改良されると、変化・発展する。このことは、科学にとっては栄光であって、けっして屈辱ではないのである。

　科学にとって、神聖にして侵すべからざる特別な信念体系［＝組織化された知識］といったものは存在しない。科学と、或る特定の信念ないし観念のセット［＝組織化された知識］とを、同一視することは、古代の、そして今も横行している独断的な思考習慣の、遺物そのものである。こうした思考習慣は、現実の科学とはまっこうから対立するものであり、こんにち科学がそれを掘りくずしつつある弊害である。

　なぜなら、科学的方法は、ドグマ（dogma）［＝教会がくだす絶対的な教義］に対して反対であるばかりではなく、ドクトリン（doctrine）［＝信者による容認が前提にある教義。ここでは、学術上の知識を意味する］に対しても反対だから。ただし、われわれはここでは「ドクトリン」をその普通の意味に解する。すなわち、ただひたすら真理として教えられ、真理として学ばれるべきものとされる組織化された知識［＝科学の成果］を意味するものとする。

　このように、科学はドクトリンに否定的態度をとるが、真理に対して無関心なのではない。じつは、科学のこの否定的態度は、真理を獲得する方法に対する最高の忠誠心を表すのである。科学と宗教との対立・葛藤は、けっきょくのところ、方法に忠誠であるのか、それとも修正不可能な内容に忠誠であるのかの対立・葛藤である。ここで言う修正不可能な内容とは、すでに固定されているために、後から修正することがけっしてできない信念［＝知識］を意味する。それは、まさにこれ以上は変化できないほど干からびきった信念なのである。

　「知性」（intelligence）を主役とする科学的方法は、すべての人に開かれた公共的な方法である。ところが、内容に固執する教義擁護の方法は、一部の人た

ちに限定されており、私的な方法である。宗教的な真理についての知識は、［普通一般の経験によってではなく］特別の経験——そこからは、「宗教的」(religious)という言葉も出てきた特別な経験——によってのみ到達される、と言われることがある［religious には、「修道の誓いによって縛られた」という、限定的な意味がある］。しかし、その場合でさえ、そうした知識獲得の方法は私的である。なぜなら、宗教的経験は、きわめて特殊な経験であることが、その前提条件だから。

　たしかに、宗教的経験は、一定の条件に服従するすべての人たちに開かれている、と主張される。だが、神秘的経験は、すでに見たように、すべての人に同じ信仰をもたらしてはいない。その経験は、結果として、人それぞれにことなった信仰を生む。というのも、その経験をする人たちを取りまく文化が、人それぞれにことなっているのだから［科学的経験は、すべての人に同じ結果（知識）をもたらす。ところが、神秘的経験は人それぞれにことなった信仰（知識）をもたらす］。したがって、神秘的経験は、知識をえる方法としては、知性を主役とする方法がもつ公共的な性格を欠くのである。

　さらには、この神秘的経験が神の現前［＝神の存在］の意識をもたらさないことがある——なお、ここで言う神とは、［真偽のほどはわからないが］存在すると断言された神である。そのようなばあい、その経験は純正な宗教的経験ではないのだ、という答えがただちに返ってくる。なぜなら、定義によって、この特定の結果に到達する経験のみが、まさに宗教的経験＜そのもの＞なのだから、と。そこで、この議論は空回りする。そして、さらに伝統的立場に立つ人は、心が頑固で腐った人間には、神秘的経験がもてない、と主張するのである。こんにち、リベラルな宗教家たちは［それほど神秘主義的ではなく］もっと人間的である。しかし、彼らの論法はまったく同じである。

ときには、宗教にかんする事柄［＝神など］についての信仰は、シンボル的（symbolic）なものである、つまり儀礼や儀式のようなものだ、と主張されることがある。この見解は、信仰に文字どおりの客観的な正当性を認め、それに固執する見解より、一歩前進している。しかし、この見解もさらに先へと進むと、ご多分にもれず、曖昧なものになる。

［信仰はシンボル的であるとするばあい］信仰は、いったい何のシンボルなのか。それは、ほかならぬ宗教的経験として特別あつかいされる経験によって到達された対象［＝いわゆる神］のシンボルなのか。したがって、シンボル化されたその対象は、［ふつうに経験される対象からは］独立した独自の存在者なのか。言いかえれば、宗教的信仰は、或る超絶的な実在者［＝いわゆる神］を象徴するという意味で、シンボル的なのか——なお、ここで超絶的（transcendental）というのは、その実在者がふつう一般に経験されるものではない、という意味である［原文では、in other modes than となっている。しかしこれは、in no other modes than の誤植と判断した。なお、全集版では、in other modes than のままになっている］。

頑固なファンダメンタリストたちでさえ、宗教的信仰の対象［＝いわゆる神］に、こうした意味でのシンボリズムを、或る種、或る程度は、容認する。なぜなら、ファンダメンタリストは、この信仰の対象［＝いわゆる神］が有限な人間の能力をはるかに超えているので、われわれの信仰は多少なりとも比喩的な［＝シンボル的な］言葉で表現されなければならない、と考えるからである。

信仰（信じること）は、われわれの知識の［未熟な］現状を考慮するとき、知識の代わりとして手にすることのできる最善の代替物である、という考えがある。こうした考えは、信仰の内容がシンボル的である、という見解に簡単に結びつく。なぜなら、もし信仰の内容にこうしたシンボル的な性質を結びつけないとすれば、われわれは信仰の内容が一般的かつ公共的な経験において検証できる知識である、と言わざるをえなくなるからである。

もし信仰が知識の代替物であるという見解をとるなら、われわれはこう理解しなければなならないことになる。教義のなかの知的な条項だけが、道徳的価値やその他の理想的価値をシンボル的に表現するのではない。そうではなく、歴史的事実とみなされ、知的な条項の具体的証拠として使われている事実そのものもまた、シンボル的に理想的価値を表現するのだ、と。

　したがって、教義のこれらの条項［＝歴史的・具体的事実］は、作りなおされた出来事や人物をしめすことになる。つまり、そうした出来事や人物は、理想化の働きをもつイマジネーションによって、道徳的な理想を実現するために、みごとに飾りたてられたものとなる。神聖視される歴史上の人物［例えば、イエス・キリスト］は、献身を勧（すす）め、勇気を奮いたたせるという目的を、シンボル的に表したものになる。こうしたものは、いろいろな経験の領域で、われわれを動かす目的が実在することを、シンボル的に表現する。

　さらにはまた、これらシンボル化された理想的価値［＝歴史的事実や人物］は、科学や芸術における人間経験を、さらにはいろいろな人間社会における人間経験を、特徴づけるものとなる。それは、現実の生活条件を処理するという日常生活の次元から生じ、その次元を超えようとするほとんどすべてのものを、特徴づけるものとなる。

　こうした宗教的事物［＝歴史的事実や人物］は、われわれが直面する現実と対照をなす理想である。そのことは、すでに承認されている。そうだとすれば、こうした事物が、それは理想なのだから、われわれの行為に対して権威ある要求をもつことを認めたとして、まったく問題はない。

　だが、こうした宗教的事物が、存在（Being）の或る領域で［＝経験に先だつ超自然的世界に］すでに実在すると仮定するのは、よくない。そうした仮定は、こうした宗教的事物がもつ力にプラスするものを何ももっていない。むしろ、そうした仮定は、これらの事物がもつ力を、つまり理想として、われわれに対し

てもつ要求力を、弱めることになる。なぜなら、この仮定は、その要求を知的には疑わしい存在（Being）に基礎づけるからである。

そこで論点は、このように要約できる。われわれを動かす理想は、純粋な理想［＝われわれの人間経験に先だって存在する超経験的な理想］なのか。それとも、われわれがげんざい直面する現実と対照をなすかぎりにおける理想なのか。いったい、どちらなのか［デューイは、もちろん、後者の立場に立つ］。

［☞ デューイは、ここまできて、ようやく「信仰の対象」が何であるかを論じることになる。信仰の対象は、ふつうには、「神」であり、「目には見えず、より高きにある力」である。しかし、デューイはそれが理想であるとした。では、この理想は「目には見えない力」なのか、ということが次に問題になる。「目には見えない」ということは、それが感覚を超えたものであることを意味する。したがって、この理想は、超感覚的・超経験的・超自然的なものなのか、ということが問題になる。デューイの立場は、「経験論的自然主義」（empirical naturalism）である。それは、経験をとおして、かぎりなく自然を探究していく立場である。そこで彼は、この立場から、この信仰の対象が「目に見える力」であるとする。すなわち、「神」はわれわれのこの現実社会から、人間のイマジネーションの働きによって現れつづける「理想」である、とする。さらには「神」とは、この「社会的な〈理想〉と〈現実〉とを行為によって結びつけていくこと」である、と論じる。ちなみに、デューイの「経験論的自然主義」については、次の詳細な研究書がある。牧野宇一郎著『デューイ真理観の研究』（未来社、1964年）、加賀裕郎著『デューイ自然主義の生成と構造』（晃洋書房、2009年）。］

この問題がもつ意味ないし重要性は、ここで終わらない。というのも、それは「神」（God）という語にあたえられた意味を確定するからである。

神という語は、一つの意味としては、或る特定の存在者（Being）［＝ユダヤ・

キリスト教の人格神]を意味することができるだけである。しかし、もう一つの意味としては、「すべての理想的目的の総合統一」(the unity of all ideal ends)［＝個々の理想ではなく、統一された人格によって総合統一された理想的目的］を意味する——なお、ここで言う理想的目的とは、われわれにそれを願望し、実行することをうながす力をもつ目的である。

　　　［☞「すべての理想的目的の総合統一」とは、個々の具体的な理想的目的を人間がイマジネーションによって、総合統一したものである。その具体的内容は、個々の人間が現実社会にもとづき、コミュニケーションを介して、共同して創りあげていく「社会の理想」である。しかしそれは、同時に、個々の人間が、みずからの態度として、あこがれ希求する（＝信仰する）対象である。それは、「いわゆる神」である。信仰のこの社会的側面については、デューイは第3章で詳論する。］

　では、この理想的目的の総合統一がわれわれの態度や行為に「要求する力」をもつのは、なぜなのか。この総合統一が、われわれからはなれて、すでに実現されたものとして［超経験的に］存在するからなのか。それとも、この総合統一そのものがほんらい内にもっている意味と価値によるのだろうか。
　いま仮に、「神」(God)という語は、理想的目的を意味するものとしよう。つまり、神は、或るとき、或る場所において、人が自分の意思と感情を支配する権威をもつことを認める理想的目的だとしよう。すなわち、これらの目的がイマジネーションによって総合統一されるかぎりにおいて、人が己のすべてをささげる価値であるとしよう。もしこのように想定するなら、問題は、はっきりする。なぜなら、この想定は、成立宗教の教義とはまったく対照をなす考えだからである。なお、成立宗教にあっては、「神」は、あらかじめ完成されたものとして存在し、それゆえに理想ではない存在者である［それが理想ではないと

いうのは、完成されてしまった理想は、もはや理想ではないからである]。

　「理想ではない」(non-ideal) という語は、歴史に実在した成立宗教の一部のものについては、文字どおりにあてはまる。いや、もし聖なる存在者［＝神］の道徳的性質［＝行為による理想の追究］に無頓着であるならば、すべての宗教にとって、文字どおりにあてはまる。
　しかし、この「理想ではない」ということは、〈文字どおり〉完全には、ユダヤ教とキリスト教にはあてはまらない。なぜなら、ユダヤ教とキリスト教では、その宗教にとっての最高の存在者［＝神］が道徳的で精神的な属性［属性とは、そのものの本質をなす性質を言う］をもつ、と主張されるからである。しかし、それでもなお、このことはこれらの宗教にもあてはまる。というのも、こうした道徳的で精神的な性質は、或る特定の存在者［＝神］が所有するものと考えられているのだから。つまり、この道徳的で精神的な性質が、われわれにとって宗教的価値をもつのは、その性質がこの存在者の属性として具象化されているからだ、と考えられているからである。
　ここに［＝神がつねに人間経験に現れつづける理想であって、すでにあらかじめ完成された存在者、ないし存在者の所有物ではないという点に］、私が理解するかぎり、〈成立宗教〉と、人間経験の一機能としての〈宗教的性質〉との違いを明らかにする、究極的な争点がある。

　「神」は、理想的諸価値の総合統一である。この総合統一は、ほんらい、人間のイマジネーションから生じる。つまり、イマジネーションが行為に深くかかわるとき、そのイマジネーションから［その行為を方向づける目的として］生じるのである。こういった考えは、しかしながら、言葉のうえでの困難をともなう。というのも、われわれは「イマジネーション」(imagination) という語を、

幻想とか、実在するかどうか疑わしいものを指示するのに、よくつかうからである。

しかし、理想的目的が理想として実在することは、しっかり保証されている。こうした理想的目的が、行為を導く力をもっているのは否定できない事実だからである。理想は、それを感知する機関がイマジネーションなのだから、イリュージョン（錯覚）ではない。そもそも、＜すべての＞可能性は、イマジネーションをとおしてわれわれのもとにとどくのである。

明確に言うなら、「イマジネーション」という用語にあたえることのできる唯一の意味は、現実にはまだ実現されていない事柄［＝理想］が、われわれの心にとどき、われわれを行動に駆りたてる力もつということである［換言すれば、イマジネーションとは、理想をわれわれのもとにとどけ、われわれをそれにむけた行動に駆りたてる力である］。

［多くのバラバラな］理想的目的がこのイマジネーションによって総合統一されるのは、架空のことではない。というのも、この総合統一は、われわれの実践的態度や情緒的態度［がもつ総合統一性］を反映するものだからである。この理想的目的の総合統一は、或る一存在者［＝ユダヤ・キリスト教の神］を意味するのではなく、［理想的目的に対するわれわれの］忠誠と努力との総合統一［＝態度（attitude）＝性向（disposition）＝信仰（faith）］を意味するのである。

では、この多くの理想的目的の総合統一［したがって、忠誠と努力との総合統一＝信仰］は、いかにして現実に可能なものとなるのだろうか。その理由はこうである。多くの目的は、バラバラではあるが、いずれの目的も理想を追究する性質、ないしイマジナティヴな性質［＝理想を追究するイマジネーションの性質］をもっている。そしてこの性質には、われわれを駆りたて、つかんではなさない力がある。こうしたイマジナティヴな性質をもつ個々の目的は、われわれに理想を追究させる力をもつという点においては、一つのものである。まさにこ

の事実が、多くのバラバラのな理想的目的の総合統一を可能にするのである。

　伝統的な神の概念、すなわち「人格神」は、われわれの生活において、たしかに力と意義をもっている。そうだとすれば、この力や意義は、この伝統的な神の概念［＝人格神］のものとされる理想的性質に起因するのではないかのか。このように問うのは、もっともな質問である。
　しかし、理想的性質を実体化したものとされる人格神は、じっさいは、理想的性質とは関係がないのである。そもそも、人格神の概念は、人間性に内在する実体化の傾向——願望の対象をそれに先だつ実在に転換する傾向（このことについては、前章ですでに述べた）——と、過去の文化において支配的であった古い信仰とが合流して、生じたものである。というのも、昔の文化においては、超自然という観念［＝神］は、理想ではなく、「自然な」(natural) ものを意味したからである。つまり、［日々親しんでいる神という］慣習的で身ぢかなものを意味したからである［したがって、人格神は、身ぢかで自然なものを実体化したものであって、理想的性質を実体化したものではなかったのである］。
　宗教的な人たちが、ただたんに実在するだけの事柄によって支えられてきたのは、言うまでもない。しかし、彼らは、むしろそれ以上に、理想的価値が彼らに訴えかけるという現実によって、支えられ、元気づけられてきたのである。そう考えるのが、正しいようである。しかし人間は、いったん、理想 (the ideal) と事実 (the physical)［＝ここでは、理想を具象化するとされる事物や人物］との合一という観念［＝実体化の考え］に慣れてしまうと、理想と事物とは感情において強く結びつく。その結果、両者を分離することがむずかしくなる［そこで、理想を人格神から切りはなして、人間経験において絶えず新しく出現する理想としてとらえることができなくなってしまう］。こうしたことは、人間の心理としてわれわれが知っているすべてのことに合致する。

しかし、理想と事実とを分離することから生じる利点は、明白である。この分離は、経験の宗教的な価値を、こんにち［科学的な観点からは］ますます疑わしくなりつつある事柄［＝伝統的宗教が固守しようとする古い知識としての教義］から、きっぱりと解放してくれる。そして、この解放によって、［キリスト教］護教論に援護をもとめる必要もなくなるのである。

　理想的な目的や価値は、現にわれわれを支配する権威をもっている。このことは、疑うべからざる事実である。［理想的な目的や価値である］正義・愛情・真理（真理とは観念と現実との知的なコレスポンデンス（一致）である）の正当性は、それが人間に対して支配力をもつという事実によって、しっかり保証されている。したがって、こうした目的や価値を追究する宗教的な態度は、ドグマや教理の道具によって妨害されたりはしない［また、そうした道具を必要としない］。

　しかし、宗教的態度について、以上のようにとらえない人たちがいる。こうした人たちの宗教的態度についての考え方を、正しく分析すると、彼らはみな理想的価値［＝理想的目的］よりも、むしろ「力」（force）のほうに関心をもっていることがわかる。というのも、現実的に存在するもの（an Existence）［＝造物主によって造られてげんに存在するもの＝現実の人間］にさらに付加できるものといえば、そのげんに存在するものをしっかり確立するべく、ときには罰し、ときには褒める「力」のほかには何もないのだから。

　たしかに、そっちょくにこのように言う人たちもいる。自分じしんの信仰においては、道徳的価値［＝理想的な価値や目的］が自然の力［＝賞・罰］によってバックアップされるという保証は必要ではない、と。しかし、これらの人たちは、同時にこう主張する。一般大衆はひじょうに遅れている。したがって、一般大衆の信仰にあっては、理想的目的が彼らの行為に影響するために、そうした目的や価値は褒めたり罰したりする道徳的拘束力をもたねばならない。この

力によって、彼らを力ずくででも従わせ、従わない者たちには罰をあたえるために、と。

　こう言う人たちもいる——なお、これらの人たちは、けっこう尊敬されている。「何か物事をはじめるときは、理想という目的が最優先されなければならないことに、もちろんわれわれも同意する。しかし、どうしてそこで止まるのか。どうして最高の熱意と活力をもって、その先へと進まないのか。その理想的目的は、客観的に実在する人格神においてすでに存在しているという信念にみちびく、すべての発見可能な証拠を、どうして探究しようとしないのか。そうした証拠は、歴史によっても、また自然のなかに神のデザイン［＝万物創造における神の意図］が現前していることによっても、われわれに提示されているではないか」と。

　この問いに対する一つの答えは、こうである。こうした探究を試みるとき、われわれは「悪の存在」(the existence of evil)にかかわるすべての難問にまきこまれることになる。この悪の問題は、かつて神学にまるで幽霊のようにつきまとった悩ましい問題であった。したがって、賢い護教論者たちは、この問題には正面切って顔をむけようとはしなかった。いわんや、ほんきでそれを議論しようなどとはけっして思わなかった。

　この護教論者たちは、理想的な善の実在を、そうした善を生みかつ支援するとされる人格神(a Person)——もっと言えば、全知全能の力をもつ存在者(a Being)——の実在と、同一視した。もし彼らが両者を同一視しなかったなら、悪はなぜおこるのか、という問題は生じなかったに違いない［全知全能の神から、悪が生じることはないはずだから］。

　しかし、理想的目的とか、理想的意図がもつ意味は、人生にはわれわれにと

ってあらゆる種類の悪がたしかに存在する、という事実と密接に結びついている。人生には、われわれがそうではなく別のようであってほしいと思うがゆえに悪であるものが、実在する。現実の状況がまったく完全に善であるなら、実現されるべき可能性［＝人生においてこれから実現されるべき理想的目的］といった考えは、けっして出てこなかったはずである。

しかし、もっと根本的な答えは、こうである。この探究［＝人格神において理想的目的を探究すること］を厳密に経験的基礎にもとづいておこなうことは、やってできないわけではない。ところが、じっさいにやってみると、この探究はいつも超自然なものの探究になってしまう。そこで、この探究は、注意とエネルギーを、理想的価値（目的）から、そして理想的価値を促進するための現実条件の探究から、そらしてしまうことになる。これは、まさに歴史が証明する事実である。

人間は、人間生活における善きものを増進させる力をもっている。しかし人間は、この力をこれまでに完全につかいきることは一度もなかった。なぜなら人間は、やるべきことをするにさいして、自分じしんの外側にある、また自然の外側にある、或る力にたよったからである。外側の力にたよることは、人間の側の努力を放棄することと同じである。

われわれが、善きものをもとめて、自分たちじしんの力を発揮することを強調したとしても、それはエゴイズム（利己主義）ではない。またそれは、センティメンタルな楽観主義でもない。

それがエゴイズムでないのは、それが人間を——個人としても、集団としても——、自然から切りはなさないからである。それが楽観主義でないのは、それが人間の努力が必要であること、そして人間の努力がちゃんと結果をだす責任があることは想定するが、その後のことについてはいかなる想定もしないか

らである。また、人間の願望と努力とが自然の目的を実現するために動員されるならば、状況はかならず改善されると確信はするが、それ以上にはいかなる想定もしないからである。それは、「善の黄金時代」（a millennium of good）を期待するものではないからである［millennium とは、キリストが地上に再臨してこの世を統治するという1000年間（至福千年）を意味する。ここでは、人間と自然との外側にある超自然的な存在者によってつくられるよいことづくしの黄金時代（楽観的な世界）を意味する］。

　この理想的目的をとらえ、それにむかって献身的に実践するのに、超自然的なもの［＝神］が必要不可欠な力である、と信じる人たちがいる。しかしこのように信じることは、悲観的な信念である。なぜなら、そうした信念は、自然な手段が堕落し無能であると信じることと同じだから。だが、こうした信念は、キリスト教のドグマにおいては、公理［＝数学で、論証がなくても自明の真理として承認される根本命題］のように、自明なものとされている。

　しかし、この見たところ明らかに悲観的な信念は、とつぜん、誇張された楽観主義に変身する。というのも、キリスト教の教義には、超自然的なものに対する信仰がちゃんとしたものであれば、「再生」（regeneration）［＝罪と絶望のなかにある人間が、神の恩恵をうけて、霊的に新しく誕生すること］が即座におこる、とされているのだから。そして、この再生によって、善（Goodness）は完全無欠なかたちで、確立されるのである。では、そうでないばあいはどうなのか。そのばあいは、確立された超自然との関係が破綻していたことがばれただけのこと、ということになる。こうしたロマンティックな楽観主義は、古いキリスト教が個人の救済に過剰な関心をはらうことになった一つの原因である。

　個人を救済するものとして、「回心」（conversion）［＝罪のゆるしと洗礼によって引きおこされる、心の大きな転換］による突然かつ完全な変化とか、祈りがもつ客

観的な効果がある。しかし、こうしたものに対する信仰は、困難から脱出するためのあまりにも安易な方法である。回心や祈りは、だいたい何事をも、変えることなく、以前のままにしておく。つまり、事態はじゅうぶんに悪いままである。そこで、超自然の援助のみがその事態を改善できるというもとの考えが、ふたたび支持されることになる。

「自然的知性」(natural intelligence)に立つ私の立場はこうである。現実は、善と悪との〈混合〉なのである。そして、理想的目的がしめす善の方向にむかって、再構成がおこらねばならないのである。もしおこるとすれば、それは絶えざる社会的共同の努力によるだろう。人間には、少なくとも、正義・親切・秩序にむかおうとする衝動がじゅうぶんそなわっている。もし、その衝動が動員され、行動となるならば、突然かつ完全な変化といったものを期待してはならないが、げんに存在している無秩序・無慈悲・抑圧の状態は減少するに違いない。

私の立場に対するもっと根本的な反対論がある。議論は、ようやく、それを考察すべきところに到達した。まず、この反対論の根拠となっている誤解が何なのかを、指摘することからはじめよう。

私が提言してきた見解は、ときどき、こんなふうに間違ってうけとられる。私の見解は、「理想的目的」と「神的性質」(the divine)とを同一視する。そして、そのことは、理想をまったく現実に根ざさないもの、現実からの支援のないもの、にしてしまう、と。こうした反対意見は、暗に次のことを意味している。私の見解にしたがえば、人は理想と現実とを切りはなす。そのけっか、理想は——成長して実をむすぶべきまさに種子である理想は——、宿るべき場所を見いだすチャンスを失うことになる、と。

とんでもない。話はまったく逆である。私が批判してきたのは、理想と或る

特定の存在者（a particular Being）［＝ユダヤ・キリスト教の神］との〈同一視〉である。特に、この存在者が、この同一視によって、必然的に、自然の外側にあるものと結論されるばあい、私はその同一視をきびしく批判してきたのである。私がしめそうとしたことは、理想そのものはその根っこを自然の現実条件のなかにもっている、ということである。理想は、イマジネーションが、思考と行為とに提示された可能性をしっかりとらえ、現実を理想化するとき、現れるのである。

　自然の基礎にもとづいて、現実に実現されたもろもろの価値（values）や善（goods）［＝もろもろのすばらしいもの」がすでにあるではないか。例えば、人間の社会生活に見いだされる善きもの、あるいは芸術や知識に見いだされる善きものが、それである。

　理想化の働きをもつイマジネーションが、経験がクライマックスの瞬間に達したときに現れる最もすばらしいもの［＝自然の基礎にもとづく、可能性としての価値や善］を、がっちりつかむ。そして、それらのものの実現を企図する。しかしわれわれは、そうしたすばらしいものを、保証するための外的な規準［＝経験の外側にある規準］を、必要としない。すばらしいものは、そのまま、すばらしいものとして経験されるのである。すばらしいものは、善きものとしてげんに実在する。そして、われわれは、そうしたすばらしいものから、われわれの理想的目的をつくるのである。

　そのうえ、われわれは善を経験すると、それについて考え、それを願望し、それを求めて努力する。すると、そこからは目的が生じる。この目的は、たんに〈目的〉であって、それ以外の何ものでもない［その目的は、神に結びつくものではない］。そして、この目的とか目標といったものは、人間の行為を決定する力として働くのである。

例えば、慈善家の目的は、けっしてはかない夢ではなかった。フローレンス・ナイチンゲール［Florence Nightingale, 1820-1910. イタリア生まれのイギリスの看護師。病院・看護施設の創設・改善に努力した］のばあいも、ハワード［John Haward, 1726-1780. イギリスの社会改良家。監獄の改良に取りくむ］のばあいも、ウィルバーフォース［William Wilberforce, 1759-1833. イギリスの政治家。奴隷貿易と奴隷制度廃止に献身］のばあいも、ピーボディー［George Peabody, 1795-1869. ロンドンに住むアメリカ人。労働者住宅の建設に貢献］のばあいも、みな目的は非現実的な幻想ではなかった。彼らの目的は、げんに社会の生活の仕方を変えたのだから。目的や理想は、ただ「精神」のなかだけにあるのではなく、性格のなかに、人格のなかに、そして行為のなかにある。芸術家・知的探究者・両親・友人・隣に住まう市民の名前を一人ひとり読みあげてみよ。すると、彼らの目的がいずれもみな〈操作的な〉(operative) 仕方で［＝具体的な操作（働き）とその結果を大切にする仕方で］存在することに気づくだろう。

　私は、くりかえして言う。私が反対してきたのは、理想は現実と結びついているという考えではない。理想そのものは力として (as forces) 実在する、そして人間がそれを具現するのだという考えに、私は反対してきたのではない［私は、げんにそのように主張してきたのである］。私が反対してきたのは、理想がもつ権威と価値は、人間経験に先だって完全に具現された或るもの (some prior complete embodiment)［＝超経験的に完成されたもの＝現実から切りはなされて存在する理想的世界］に根拠をもつとする考えである。

　この考えによれば、あたかも正義・知識・美をもとめる人間の努力が、正しく効果を発揮するためには、あらかじめ或る霊的世界がかならず実在していていなければならない、とされる。そして、その世界には、こんな場所があるとされる——そこでは、罪人（つみびと）が人間らしくあつかわれ、農奴も奴隷もおらず、すべての事実と真実がすでに発見されて保存されており、すべての

美が実現されたかたちで永遠に展示されているような場所——があるとされるのである。

　われわれを動かす目的や理想は［現実をはなれた理想的世界にすでにあるのではなく］、われわれのイマジネーションによって生みだされるのである。しかしながら、それは空想的な素材からつくられるのではない。目的や理想は、自然と社会においてなされる人間経験の世界がもつ確固とした素材からつくりだされるのである。
　例えば、蒸気機関車は、スチーブンソン［Robert Stevenson, 1803-1859. 蒸気機関車を改造して、実用化したイギリスの発明家］以前にはなかった。電信も、モールス［Samuel F. B. Morse, 1791-1872. モールス信号を考案したアメリカの発明家］の時代以前にはなかった。しかし、そうしたものが実在することになるための条件は、自然界の物質とエネルギーのなかに、そして人間の能力のなかに、すでにあった。人間は、イマジネーションの働きによって、こうしたげんにある事物を配列しなおし、新しい物をつくることを発想したのである。
　画家のばあいも、音楽家のばあいも、詩人のばあいも、慈善家のばあいも、道徳的予言者［＝古代イスラエルの宗教的指導者。のちに、国民的制限を脱して、純粋な倫理的宗教に達した］のばあいも、みな事情は同じである。新しいビジョン（理想）は、無から生じることはない。それは、もろもろの可能性を視野にいれて——つまりイマジネーションを働かすことによって——、古い事物を新しく関係づけることから現れるのである。そして、この新しい関係づけは、新しい目的［＝ビジョン＝例えば、実用的な機関車や、モールス信号のシステムを発明しようと思いつくこと］を提供する。そして、この新しい目的［＝ビジョン］が、この新しい関係づけ［＝古いものにもとづいて新しいものをつくるビジョン］の実現・創造を助けるのである。

さらに言えば、この創造の過程は、実験的［＝科学的な実験方法にもとづくもの。ちなみに、デューイの立場は「実験主義」(experimentalism)である］であり、連続的［＝古いものを基礎にして、新しいものをつくること］である。芸術家も、科学者も、あるいは善良な市民も、他の人たちが彼以前にやったこと、そして彼のまわりでやっていることにたよらないで、新しいものをつくることはできない。

　［新しいものをつくるためには、まず］実現されるべき目的となる新しい価値（魅力）を感じることが必要である。しかし、この感覚は、最初はぼんやりとした不確かなかたちでしか現れない。だが、その価値は、やがてわれわれの心をうばい、それを実現する行動にかりたてるようになる。すると、その価値はますます明確で、首尾一貫したものとなる。

　目的と現実条件とのあいだの相互作用は、この理想的価値［＝目的］を改良し、その正否を検証する。また同時に、この理想的価値は現実条件を変える。そして、この理想的価値そのものが、現実条件のなかで使用されるとき、変化する。そして、この変化の過程は、人類の生命がつづくかぎり、持続し、前進する。

　一人の人、または一群の人たちがなしとげたものは、あとにつづく人たちの立脚地となり、出発点となる。この前進する自然の過程には、生命の本質につながる重要なもの［＝生命の進化論的連続性の原理］が存在する。それが何であるのかが、感情において、思考において、そして行為において、ひろく一般にみとめられるとき、この自然の過程は加速され、かつ純化される。なぜなら、けっきょくは超自然という観念におわるあの余計なもの［＝聖書に書かれた万物創造の歴史観］が除去されるから。この生命につながる重要なもの［＝生命の連続性の原理］が、宗教的な力——これまで超自然的なものを信じるもろもろの宗教につぎこまれたあの宗教的な力——をもつようになれば、そこから生じる力の補強は強烈であり、この自然の過程はいっそう加速されることになる。

[☞ 以上において、デューイはこう述べた。われわれはイマジネーションによって、現実のなかに理想を見いだし、それを企画し、行為によってそれを実現する。そのことは、人類社会のなかで、絶えることなく、営まれてきた。まさにそのことが「自然の過程」である。そしてこの自然の過程に協力することがわれわれの使命である。そして、そのように信じ、行動することが人間経験にほんらい備わる宗教性である、と。]

こうした考え方は、「神」(God) の観念にも適用できる。あるいは、誤解を避けるために、神とは言わず、「神的性質」(the divine) の観念にも適用できる、と言いかえたほうがよいのかもしれない。

[☞ 「神」(God) という観念は、ただちにユダヤ・キリスト教の人格神を連想させる。それに対して、デューイが「神的性質」と呼ぶものは、理想を追究しようとするあらゆる人間経験に内在する性質であって、両者の意味内容はまったくことなる。この相違こそは、デューイが彼の宗教論において最も強調する核心である。したがって、ここで両者を並べて論じることは、混乱をまねく恐れがある。デューイは、誤解を避けるために、くりかえし両者を峻別して、議論を展開する。]

この神ないし神的性質の観念は、さきにも述べたように、イマジネーションによってつくられた観念であるが、それは次の過程をへてつくられる。イマジネーションが理想的諸目的を具体的にイメージし、それを実現するための企画をたてる、そしてイマジネーションがこの企画を実現するためにこれらの理想的諸目的を一つに統合する。神の観念は、こうしてつくられた観念である [したがって、それはもろもろの理想的諸目的がイマジネーションによって一つに統合された観念である]。

しかし、この神ないし神的性質の観念は [人間に内在するイマジネーションとだ

けに関係するのではなく]、同時にまたあらゆる自然の力と自然が提供する条件にも結びついている。この自然の力と自然が提供する条件のなかには、人間と人間社会がふくまれる。そして、この人間と人間社会が、この［イマジネーションによってつくられた］理想［＝神あるいは神的性質］が成長することを促進し、この理想を実現することに、協力するのである。

　われわれは、完全に実現されてしまった理想を目にすることもなければ、ただたんなる根っこなしの理想、幻想、あるいはユートピアを目にすることもない。なぜなら、自然と人間社会には、［絶えることなく］理想を生み、支援するもろもろの力（forces）がそなわっているからである。そして、さらに、こうしたもろもろの力は、それらを一つにまとめ、堅固なものとする人間の行為によって、統合されるのである。

　私が、「神」（God）という名称をあたえたいのは、まさにこの理想と現実とを〈行為によって〉結びつけていくこと（this *active* relation between ideal and actual）である［デューイは、この能動的行為そのものに、神的性質があるとする］。

　[「神」をこのようにとらえることは、かならずしも一般の理解がえられないかもしれない。それゆえ］私は、この神という名称を〈どうしても〉つかわねばならない、と言いはるつもりはない。というのも、こう主張する人たちがいるのだから。すなわち、神という語を超自然的なものと結びつけることは、きわめて多くの人たちによって、つねになされてきた。したがって、ここで「神」という語をつかうのは、きっと誤解を生み、伝統的な考えに譲歩するものとうけとられるに違いない、と。

　「神」の語をつかうことについてこのように反対する人たちは、たぶん正しいと思う。しかし、私が述べたことはたしかな事実であって、この事実をできるだけ明瞭に、しっかりと説明する必要がある。

具体的な事実として、そしてまた経験にてらしても、すばらしくよいもの（goods）は存在する。例えば、あらゆる種類の芸術がもつすばらしい価値（魅力）、知識がもつ価値、努力がもつ価値、努力のあとの休息がもつ価値、教育そして友と学ぶことがもつ価値、友情と愛情がもつ価値、精神と肉体の成長がもつ価値、などがそれである。これらの価値はたしかに存在はするが、まだ相対的に未熟である。そのため、多くの人たちがこうした価値をじゅうぶんに享受できないでいる。それどころではない。げんざい存在しているこうしたすばらしい価値を脅かし、弱らせ、それが拡大することを妨げる力が働いている。

　理想的目的と現実条件との融合統一［＝現実の社会において、理想を定め、それを追究すること］の具体的な姿を、明瞭かつ強烈に把握することが大切なのである。なぜなら、それは［信念をささえる］しっかりした感情を引きおこすことができるから。この理想と現実との融合統一の把握は、経験をかさねることによって、豊かなものとなる。それは、経験の内容いかんにかかわらず、あらゆる経験から養分を吸収する。

　この混乱した時代にあって、理想と現実との融合統一というこの考えは、こんにち緊急に必要とする発想である。というのも、この考えは、今ではバラバラに散らばってしまった人びとの関心とエネルギーを一つにまとめることができるから。それはまた、人びとの行動に方向性をあたえ、情熱をかきたて、知性の光をともすことができるからである。われわれ人間の思考と行為によって実現されるこの融合統一［＝現実の社会において、理想を定め、それを社会の人たちみんなで追究すること］に、「神」という名称をあたえるかどうかは、われわれ一人ひとりがきめればよいことである。

　しかし、理想と現実とをこのように機能的に融合統一する〈働き〉（function）は、高い精神的内容をもつすべての宗教において、神（God）の概念に事

実上付与されてきた力とまったく同じものである。そして、その働きが何であるのかを明らかにすることは、われわれの時代の緊急課題である。私には、そのように思えるのである。

　一部の人たちにとっては、この理想と現実との融合統一を身をもって感じることが、神秘的経験によって促進されることがあるかもしれない——なお、私はここではこの「神秘的」（mystical）という語を、その語がもつ最も広い意味で［＝宗教的な意味ではなく、たんに不思議なという意味で］つかっている。だが、この神秘的経験がどの程度そうした効果を発揮するかは、この種の経験をする人しだいできまるものだと思う［神秘的経験が、すべての人にそうした効果をもたらすかどうかは、わからない］。
　しかし、神秘的経験によって促進される融合統一と、私が考えている融合統一とはまったく別物である。私が考えている融合統一には、［狭い意味での］神秘的なものは一切ふくまれない。それは、自然的であり、道徳的である。そのうえ、この融合統一を知覚し、意識するのに、神秘的能力を必要とはしない。現実の条件にぴったりあった理想的目的を［神秘的能力によるのではなく］イマジネーションによって把握することは、［科学的に］訓練された精神がもたらした成果である。
　はっきり言って、神秘的経験にたよることには、逃避につながる危険さえある。つまり、それは結果的には消極的な感情を生む。理想と現実との融合統一はすでに完了しているので、何もしなくてよいという感情を生む。ところが、じっさいは、この融合統一は行為をとおして能動的（active）になされるものであり、実践的（practical）である。それは、〈融合統一すること〉（a uniting）であって、誰かによって完成品としてあたえられるものではない。

以上において、理想と現実との融合統一という行為について縷々（るる）説明したが、この行為を示すのに「神」という語を用いることは適切であると、私個人は考える。その一つの理由は、強引な無神論には、伝統的な超自然主義［＝徹底的な有神論］とどこか共通したものがあるように私には思えるからである。

　無神論は、どちらかといえば、きわめて消極的（否定的）であるため［＝神の存在を否定する、したがって消極的であるため］思考を積極的に［＝前むきに］進めることができない。たしかに、それはそのとおりである。しかし、私が言いたいのは、ただそれだけではない。私が特に言いたいのは、戦闘的な無神論も超自然主義も、どちらも「人間は孤独である」(man in isolation) という排他的な先入観［＝人間の外側にあるもの（外的自然）を排除し、内にとじこもる消極的な世界観］にとらわれている、ということである。

　その理由はこうである。超自然主義は、自然を超えた何ものかに［＝神に］言及する一方で、この地球を宇宙の道徳的中心［＝人間がそこで神の命令に服し、道徳的に生きるべき舞台］ととらえ、人間を地上における被造物全体の頂点とみなす。また、外界から切りはなされ、孤独な人間の魂の内側で演じられる罪と贖いのドラマを、唯一最高に大切なものとみなす。そのけっか、自然は人間から切りはなされて、呪われたもの、ないしは取るにたらないものとなる。

　戦闘的な無神論も、同じである。それは、自然に対する敬虔の念を欠くことで、毒され、病んでいる。それは、詩人がつねに謳歌してきた人間と自然との絆を、軽視する。無神論がとる態度は、しばしば、冷淡で敵意にみちた世界に住まい、その世界に対して激しく反抗する人間がしめす態度である。

　しかしながら、宗教的な態度には、人間とそのまわりを取りまく世界との結合感が必要である。人間とそのまわりの世界は、おたがいに依存しあい、助けあっている。また、人間をとりまくこの世界は、彼がイマジネーションによっ

て「宇宙」と感じる世界なのである。
　現実と理想との融合統一を表現するのに、私は「神」あるいは「神的性質」という語を使用する。人間を［まわりの世界からの］孤独感から、またそれから生じる絶望や反抗から、防ぐのがその目的である。

　その名称が何であれ［＝「神」であれ「神的性質」であれ］、ともかくそれは、［善いものをとり、悪いものは排除するという意味で］選択的である。なぜなら、その語には、何でもかんでも無差別に崇拝するという意味はないのだから。それは、現実に存在するもののなかから、目的として追究すべき善とわれわれが考えるものを生み、かつ育てる要素だけをえらぶ。その語は、いかなるばあいも、この善いものだけをえらぶという働きに関係のない多くの力を排除する。自然は、われわれに力と方向をあたえるすべてのものをつくってくれるが、同時にまた、不調和と混乱をもたらすものも生みだすからである。そこで、この「神的性質」(the divine) というのは、人間がえらび、希求すること［＝能動的行為］を意味する語なのである。

　「人間中心主義の宗教」(a humanistic religion) は、もしそれがわれわれと自然とのつながりを考慮にいれないなら、青白い、ガリガリに痩せこけた宗教である。また、もし人間性だけを崇拝の対象とするなら、それはきわめておこがましい宗教である。
　マシュー・アーノルド［Matthew Arnold, 1822-1888. イギリスの詩人・批評家。主著『教養と無秩序』(1869 年)］の「われわれ自身ではない力」(a power not ourselves) ［＝われわれの外側にある神］という考えは［選択的ではあるが、その選択の仕方が］あまりにも狭い。まず、① 人間に働きかけ、人間を維持する外的条件［＝まわりの世界］に対する考え方［＝この力が外的条件にのみ関与するという考え方］が狭すぎる。次に、② 彼の考えは、たしかに選択的ではあるが、選択の基礎が狭すぎ

る。つまり、彼は「正義」（righteousness）［＝社会通念上正しいこと＝社会での実践にかかわる公正］だけを基礎にして、選択する。したがって、彼の考えは、二つの仕方で、拡大されなければならない。

　まず、①経験されたものとしての善（もろもろの善いこと）や理想としての善を生み、かつそれを育てるこの力は、外部［＝人間のまわりの世界］において働くのみならず、〈内部［＝人間の内部］において〉も働くと考えるべきである。アーノルドのこの狭い考えには、「外的エホバ」（an external Jehovah）［＝旧約聖書の唯一の神。それは万物の創造者として、被造物の外側にある神である］の思いがのこっているように思われる。

　次に、②この力は、正義とは別の価値や理想をも強化する働きをすると考える必要がある。アーノルドは、ギリシャ主義とヘブライ主義とは相対立すると思っている。そのけっか、彼は真・友情（善）・美を、この力が内と外で働いて生みだす成果のリストから、閉めだしてしまった［ギリシャ主義もヘブライ主義も、ともに「神の性質にあずかる者となること」をめざす。しかし、そこにいたる道はことなる。前者は内的「思索」を、すなわち、事物を如実に見ることを重視する。後者は外的「行動」を重視する。アーノルドは、ヘブライ主義の立場にたち、外的行動を重視し、内的思索を軽視した（Matthew Arnold: *Culture and Anarchy,* Macmillan Co. New York, 1916. Chap. IV. Hebraism and Hellenism.）。デューイの神的性質（神）は、正義のみならず、もっと広く、美しいもの・真なるもの・善なるものを創造する行為である。それは、経験のあらゆる方向での発展を、つまり「経験の絶えざる改造＝成長」（more growth）を、可能にする行為である］。

　最近の科学は、自然と、人間がいだく目的や努力とのあいだにあった古い二元論を、打ちこわしてしまった。科学は、この課題に、300年の長きにわたって取りくんできたのである。科学はこれまで厳密にメカニカルな性質のものと

考えられてきた（ここでメカニカルというのは、バラバラな事物が、まったく外的に押したり引いたりして働きかけあう、という意味である）。そのかぎりにおいて、キリスト教護教論者たちは、人間と物理的自然との違いを主張する論拠をもつことができた。彼らは、この違いをつかって、或る超自然的なものが人間の場合には介入するのだ、と論じることができた。

さいきん、科学は古典的なタイプの機械論（mechanicalism）＊［＝自然界の諸現象を機械的な因果関係によって説明する立場。目的や生命力をみとめる活力説（vitalism）に対する立場］を放棄した。これをうけて、護教論者たちは宗教バンザイと歓呼の声をあげた。しかし、この歓呼の声は、彼ら自身の観点からすれば、愚かなものであるように思われる。なぜなら、現代科学の自然観はたしかに変化したが、それは人間と自然とを［彼らの思惑とは反対に］いっそう緊密に結びつけただけのことだからである。

※ 私はこの機械論という語を用いる。なぜなら、最近の科学は、メカニズム［＝世界］がバラバラな事物の厳密にメカニカルな働きかけあいであるという古い観念を捨てたが、そのさい機能するメカニズム（working mechanisms）［＝生きている世界］に対する信念は捨てなかったからである。

したがって、われわれは、もはや次の二者択一を迫られなくてすむ。人間に固有な特質を説明するのに窮して、人間をもう一つ別の種類の機械的モデル［＝機械的モデルに格下げされた自然とは別の機械的モデル］に格下げするか。それとも、何か文字どおりに超自然的なものによって、人間は自然から区別されるのだ、という教義をとるか。物理的自然が、機械的——その語の古い意味で——でないことがわかればわかるほど、人間はますます自然に近づいていくのである。

第 2 章　信仰とその対象

　ジェイムズ・ヘンリー・ブレステッド［James Henry Breasted, 1865-1935. アメリカの考古学者。1919 年、シカゴ大学にエジプト考古学資料の優れたコレクションをもつ「オリエント研究所」を設立した］は、彼の魅力ある著書『良心の夜明け』において、ヘッケル［Ernst Haeckel, 1834-1919. ドイツの生物学者。生物を物理法則で説明しようとした機械論者］に言及し、こう述べている。私がヘッケルにぜひ答えてほしいのは、「宇宙は人間に対して好意的なのか」という問いである、と。

　しかし、この問いは曖昧である。好意的なら、どういう点で、好意的なのか。安心と快適にかんしてなのか、物質的成功にかんしてなのか、利己的な野心にかんしてなのか。いや、そうではなしに、人間が生存するのにいっそう確かな秩序を打ちたてるために、探究し発見し、発明し創造しようとする人間の向上心にかんしてなのか。宇宙が人間に対して好意的かという問いは、どのようにかたちを変えても、その答えは、正直のところ、無条件かつ絶対的な答えとはなりえない。

　歴史学者であるブレステッド氏みずからは、こう答える。自然は、人間の良心と人格の出現と発展にとって、好意的であったのだ、と。だが、オール・オア・ナッシング［＝絶対的なもの］をもとめる人たちは、この答えには満足できない。出現と発展だけでは、彼らにとってじゅうぶんな答えではない。彼らは、苦労や苦痛のともなう「成長」(growth) には満足できず、何かそれ以上のものを欲する。彼らは、究極的に完成されたものを欲するのである。

　これほど極端な絶対主義者でない人たち［＝相対主義者。デューイは相対主義者である］もいる。彼らは、道徳的な観点から見れば、「成長」はたんなる完成よりもいっそう高い価値をもち、いっそう高い理想であると考えて、満足するだろう。彼らはまた、成長が良心や人格だけにかかわるものと限定されてはおらず、発明・学習・知識、そして芸術における創造にもつながっている、と思うだろう。さらにはまた、成長は人びとを一つに結びつけて、たがいに助けあい、

愛しあう連帯感を強化・促進するものだと思うだろう。こうした人たちは、少なくとも、宗教的な「働き」(function)を知的に観ることに満足するだろう。彼らは、この宗教的な働きが、理想的目的にむかって絶えず選択していくことにもとづくものであることを、理解するだろう。

この章を結ぶにあたって、ぜひ読者に思いかえしてほしいことがある。それは、私が以上に考察してきたのは、宗教的態度［＝信仰］の知的側面であるということである。

私は、次のことを提案してきた。人間生活における［大切な］宗教的な要素は、超自然という概念によって妨害されてきた。この概念は、人類が外的な世界をほとんどコントロールできなかったし、また探究と検証の確固とした方法をもたなかった時代の文化のなかで、定着したものである。

こんにち、われわれの宗教的信念の知的内容に、危機がせまっている。この危機の原因は何か。それは、われわれがもつ知識が増大し、われわれの理解の方法が進歩したことによって、社会の人たちが知識に対してもつ考えが変化したからである。

私は、この変化が、われわれ人類のだれもがもつ経験の宗教的な価値を、死滅させるものでないことをしめそうとした。この変化が伝統的宗教におよぼす衝撃がどれほど致命的であったとしても、である。それどころではない。知性［＝科学］の方法とその成果がりっぱに活用され、率直に採用されるなら、この変化はむしろわれわれを解放するものとなるだろう。

この変化は、われわれの理想が何であるのかを、明確にしてくれる。というのも、この変化は［現実を反映するものであるため］、理想が幻覚や空想によって影響されることを少なくするからである。この変化は、理想を成長力のない固

定したものと考えようとする悪夢から、われわれを救ってくれる。それはまた、理想が、自然的知性の発達とぴったり一致して発達するものであることを明らかにする。この変化は、自然を知ろうとする願望に明確な宗教的性格をあたえる。なぜなら、自然を深く理解することは、理想的目的を形成することに有機的に結びついていると考えられるからである。この同じ変化は、われわれが自然的条件のなかから特定の要素を——それを組織すれば、理想の人間に対する支配力を支え、拡大できる要素を——選ぶことを可能にする。

　すべての目的は［善をとり、悪をさけるという意味で］、選択的である。そして、知性にもとづくすべての行為は、熟慮された選択をふくむ。超自然的なものへの信仰にたよることをやめればやめるほど、選択は啓発されたものとなる。つまり、まわりの条件とどのように本質的に関係し、またどのような結果をもたらすかが理解された理想を、選択できるようになる。

　もし宗教の自然主義的基礎［＝デューイが彼の自然主義の立場から説く信仰のあり方］と意味とが理解されるなら、人間生活（life 生命）にもともと内在する宗教的な要素が、宗教の危機というこの痛ましい状況から脱出し、現れ出るだろう。そのとき、宗教は、人間経験のあらゆる場面に、その本来の居場所をもっていることがわかるだろう。すなわち、もろもろの可能性［＝理想］を評価・選択し、やがて実現されるであろう可能性［＝理想］に動機づけられ、それらの可能性［＝理想］を実現するべく行動することに、宗教ほんらいの姿があることがわかるだろう。人間経験において重要な意義をもつすべてのものが、この枠組み［＝理想の追究］のなかにはいるのである。

第3章
宗教的機能が宿る家としての人間

　私は、前章において、宗教の知的内容［＝教義にかかわる問題］を論じた。しかし、ほんらいなら、そのまえに宗教と社会とのつながりという観点から、宗教を考察しておくべきだった。私はふつうの順序には、したがわなかったわけである。

　［では、宗教は社会とどのようにつながっているのか。］全体として見たばあい、宗教よりさきに、社会の集団行事［例えば、豊作の祈りや死者の弔い］が現れる。または、そうした集団行事のほうが、宗教より重視された。宗教の核心は、ふつうには、儀式や祭礼にあったのである。その後、伝説や神話が、一つには、儀式・祭礼を飾るための飾り物として発達した。もちろんそのことは、物語をしたくてたまらないという人間の抑えがたい本性にこたえるものだった。この伝説や神話は、また一つには、神事を説明するための工夫でもあった。

　やがて、文化が進むと、物語は整理され、神々の系譜や天地創造についての説話がつくられた。バビロニア人、エジプト人、ユダヤ人、ギリシャ人については、そうだった。ギリシャ人のばあい、天地創造の物語と、世界の成りたちについての説明は、おもに詩や文学によってなされた。そして、究極的には、そこから哲学が発達した。

　たいていのばあい、伝説は、儀式や祭礼とともに、「教団」（priesthood）［＝宗教上の儀式を執行する司祭集団＝教会］という或る特別な団体の保護のもとにおか

れ、その教団独自の方策にしたがうものとなった。つまり、或る特別な団体が、集大成された信仰の責任ある所有者・保護者・伝導者として、独りだちするようになった。

　このようにして、宗教行事と信仰との両方に特殊な関係をもつ特別な社会集団［＝教会］がつくられたのである。しかし、そのことじたいは、これから述べる話のほんの些々（ささ）たる部分であるにすぎない。大きな目で見れば、それはそれほど重要なことではない。宗教の社会的な意義について言えば、もっと重要なことがある。それはこの教団が、共同社会、部族、都市国家、あるいは帝国の公的な代表者であったことである。教団が存在したばあいも、しなかったばあいも、共同社会のメンバーである各個人は、一つの宗教的社会に生まれおちたのである。そのことは、彼が一つの社会的・政治的組織に生まれおちるのと同じことを意味した。
　それぞれの社会集団は、その集団自身の神々をもっていた。これらの神々はその集団の創設者であり、保護者であった。そして、ささげ物・清め・霊的交流といったこの集団の儀式は、共同社会の市民生活を表現するものだった。寺院は、公的な施設であり、共同社会の人たちの祈りの中心だった。寺院がおこなう行事は、その共同社会のすべてのしきたりに――家庭・経済・政治にかかわるすべてのしきたりに――影響をあたえた。社会集団間の戦争でさえ、たいていのばあい、各集団が奉じる神々の争いであった。

　個人が、［自分の意志で］教会に加入するといったことはなかった。彼は、宗教をもつ共同社会のなかに生まれおち、そこで育てられたのである。この共同社会の団結・組織・伝統は、そこでの宗教の儀式・拝礼形式・信仰箇条においてシンボライズされ、人びとによって祝賀された。教育は、子どもを共同社会

の諸活動に導きいれることだった。もちろん、その活動には、宗教に深く結びつき、また宗教によって認可された、慣習・伝説・儀式がすべて編みこまれていた。

　宗教が集団生活のあらゆる慣習や行事に浸透しているとき、宗教はどのような社会的意味をもつのだろうか。ごく少数の人たちだけが、特にロシアのユダヤ人社会に育った人たちだけが、イマジネーションをつかわずに、その意味を理解することができる。しかし、こんにち、アメリカ合衆国に住む大多数の人びとにとって、こうした事態［＝宗教があらゆる慣習や行事に浸透しているという事態］は、はるか昔の歴史的エピソードであるにすぎない。

　かつては普遍的であった状況が、今ではめったに見られない状況に変化したのである。この変化［＝宗教主導から、脱宗教への変化］は、私が思うのに、人類の長い歴史をつうじて、宗教におこった最大の変化である。科学に対する信仰と、神学に対する信仰との知的葛藤は、たしかにそれ以上に注目される変化であった。この葛藤は、今でもけっこう注目されている変化である。

　しかし、「宗教が社会において占める重心の変化」（the change in the social center of gravity of religion）は、きわめて着実に進行したし、今ではもうすっかり完了している。そこで、この変化はたいていの人びとの記憶から消えうせ、せいぜい、歴史家がそれに気づいているにすぎない。しかし、彼らでさえ、その変化に気づいているのは、特にその変化がもつ政治的側面だけである。というのも、国家と教会との葛藤が、今もなおどこかの国々で継続しているからである。

　こんにちにおいてさえ、或る特定の教会に、つまり両親が所属する教会に、生まれおちる人たちがいる。彼らは、ほとんどあたりまえのように、その教会

の教会員となる。たしかに、こうして教会員になることは、その個人の全生涯にとって重要な、いや決定的な要因になることもありうる。

しかし、こんにちでは、[教会員となることについては]歴史上これまでになかった新しい事態が、まだこれまでに誰も聞いたことのない事態が、ともなうのである。それは、こうした人たちが教会員になる組織が、世俗的社会のなかの〈或る特別な〉組織である、という事態である[かつて、教会員になることは、誰もがなる一般的社会人となることだった。しかし、こんにちでは、そのことは或る特別な組織に属する人(クリスチャン)になることに変わった]。

こんにちでは、ちゃんとした教会でさえ、国家によってつくられたり、また国家によって廃棄されることもある法人なのである。国家だけではない。その他の世俗的勢力が、権力と支配力を拡大し、そのけっか、宗教にもとづき、また宗教にかかわって設立されたもろもろの組織を、犠牲にしたことさえある。

そこで、教会に加入することは、ますます個人の自発的な選択にまかされるようになった。教会員となった人は、教会によって課せられた責任を引きうけようとするだろう。だが、彼はその責任を「自分の意思によって」引きうけるのである。また、そのばあい、彼が加入する教会は、政治的かつ世俗的な性格をもつ一般的な民法によって規制されているのである。多くの国々において、こうした事情は同じである。

私は、さきほど、「宗教が社会において占める重心が変化した」と言った。じつは、この変化には、広大な範囲にわたって発展した企業(法人)や公共団体が関係している。これらの団体は、いかなる宗教とも関係なしに発生した、教育・政治・経済・慈善・科学を目的とする組織・機関である。これらの世俗的な組織・機関は、きわめて大きく発達したため、ほとんどすべての人びとの考えや関心を[宗教から引きはなし]独占するようになった。教会の会員となっ

第 3 章　宗教的機能が宿る家としての人間

た人たちでさえ、例外ではない。成立宗教の立場からすれば、非宗教的な関心がこのように徹底的に広がったことが、信仰にあたえたダメージは大きい。そのことと比較すれば、科学が信仰にあたえた直接の影響は、それほど大きくはない。

　私は、〈直接の影響〉はたいして大きくない、と言う。なぜなら、科学が間接的にあたえた影響ははかりしれないほど大きいから。科学は、たしかに、宗教と競合する世俗的組織・機関の成長を、けた外れに促進したのである。純粋な科学的知識の変化は、せいぜい少数の専門家に影響をあたえたにすぎない。しかし科学は、人びとがそこでいっしょに生活する〈社会的条件〉に大きな衝撃をあたえた。この衝撃によってもたらされた影響はきわめて大きい。それにくらべれば、科学的知識の変化による直接の影響は、二次的なものにすぎない。
　言うまでもなく、発明とテクノロジーは産業と商業とに結びついて、人間がそこでいっしょに生活する基盤である社会的条件そのものを、根本から変えてしまった。こんにちの政治の問題、そして社会の問題は、いずれもみなこの科学の間接的な影響を反映するものである。失業問題から金融問題にいたるまで、市政の問題から新しい交通手段によってもたらされた移民の増大という問題にいたるまで、そして産児制限から外国貿易や戦争にいたるまで、すべての問題が、この社会的条件の変化から生じたのである。
　新しい科学的知識の応用がもたらした社会の変化は、すべての人間を変えた。彼らのうえに働く力がどこからくるのかを、知っていても、知らなくても、それは関係のないことである。その影響は、じっさいは、その原因を多くの人たちが知らないだけに、いっそう深刻なのである［では、なぜ人びとはその原因を知らないのか］。なぜなら、すでに述べたことのくりかえしになるが、科学は人びとがそこで出会い、いっしょに行動する〈社会的条件〉を間接的に［つまり知

らないあいだに]、変えてしまったからである。

　宗教における伝統固執のファンダメンタリストは、科学的知識が発達したにもかかわらず、自分の信仰の知的内容をほとんど変えなかった人である。彼の天・地・人についての考えは、それが宗教に関連するかぎり、コペルニクス[Copernicus, 1473-1543. ポーランドの天文学者。地動説を提唱した]、ニュートン[Sir Isaac Newton, 1642-1727. イギリスの哲学者・数学者・物理学者・天文学者。万有引力の法則を発見した]、そしてダーウィン[Charles Darwin, 1809-1882. イギリスの博物学者。進化論を提唱した]の仕事によって影響されたりはしない。いわんや、アインシュタイン[Albert Einstein, 1879-1955. ドイツ生まれのアメリカの物理学者。相対性原理を提唱した]の仕事に影響されることはない。しかし、彼の現実の生活――つまり彼の日々のおこないや人とのふだんの接触――は、科学の応用によって生じた政治的・経済的な変化によって、根本的に変えられた。

　厳密に知的なだけの変化[＝新しい科学的理論や発見そのもの]にかんしては、教義は大き順応力をしめしている。教義の各箇条は、物の見方において、わずかながらではあるが、変化をうけている。強調点は変えられ、新しい意味がこっそりいれられている。特に、カトリック教会は、知的な逸脱の取りあつかいには寛大である。戒律・儀式・秘跡に抵触しないかぎり、知的な逸脱は容認される。

　一般世俗の人びとのなかで、科学的信念[＝科学的知識]の変化によって直接に影響をうけている人はごく少ない。影響をうけているのは、少数の比較的高学歴の人たちだけである。宗教上の或る観念は、少しは背景に退いてはいるものの、あまり深刻な挑戦をうけていない。古い宗教上の観念は、うわべでは、いちおう容認されている。

　おそらく、ほとんどすべての教育のある人たちが、こう思っていた。生物進

に共同社会内につくられた宗教的組織集団］も、もはや民衆の信仰をつなぎとめることができなくなった。こうして、宗教の中心となる考えそのものが、いかなる特定の社会的組織［＝教団］の保護と管理からも、いわば、どんどん漏れこぼれていったのである。

　もっと重要なことがある。それは、かつては世俗的とみなされていた社会的組織［＝近代的国民国家およびその諸組織］が、キリスト教会の守備範囲を着々と侵略していったことである。このことは、人びとの仕事・娯楽・市民生活・政治活動における生活の仕方を変えた。大切な点は、世俗的な社会的組織とその活動が、ただたんに法的に、あるいは外的に［＝力づくで］教会の支配から切りはなされたことではない。そうではなく、ほんらい教会がやるべきこととは無関係な世俗的な関心や価値が、今やキリスト教信者たちの願望や目的をさえも大きく揺りうごかすようになったことである。

　たしかに、個々の信者は、教会に入会していて身につけた性向や動機を、彼の政治活動にもちこんだり、学校とのかかわりにもちこんだり、自分の仕事や趣味にさえも、もちこむことがあるだろう。しかし、そのばあい、革命的な二つの事実が留意点としてのこるのである。

　まず第一に、個々の信者の行為は、諸個人のなかの一個人の選択と決意によるものであって、社会的組織［＝教団］の意図そのものとは無関係であるということである。

　第二に、個々の信者が自分の個人的な［宗教的］態度を、宗教の範囲外にある本質的に世俗的な事柄にもちこむことは［こんにちから見れば当然のことのようだが］、じつはこれまでにない大きな変化なのである。なぜなら、これまでは、世俗的な事柄にはかならず宗教の精神が浸透していなければ〈ならない〉、浸透しているはずだ、と信じられていたのだから。

熱烈な信者たちは、こう主張する。少しでも価値のある新しい運動や新しい事業は、教会の庇護のもとで育ち、教会から原動力をうけてきたではないか、と。仮にそうだとしよう。でも、その場合でも、いったん船出してしまった船は、見知らぬ海を、遠くの国にむかって航海しつづけるものであることが、納得されなければならない［われわれは、この世俗化の流れを、現実のものとしてうけとめなければならない］。

　ここにこそ、われわれが直面すべき問題の核心があるように、私には思えるのである。私は、最初の章において、「宗教」（a religion）と「宗教的機能（働き）」（the religious function）とのあいだに境界線を引いたが、じつは、その境界線を引くべき場所がまさにここにあるからである。宗教と、世俗ないしは不浄とのあいだに境界線を引くことは、超自然にもとづく宗教の本性に根ざしている。そして、宗教がその本性をあらわすのは、俗事を支配するために、教会とその宗教に許された権威を主張するまさにそのときなのである［教会は、宗教を世俗から切りはなし、宗教の権威によって世俗を支配しようとする。これに対してデューイは、宗教性を宗教から切りはなし、宗教性を教会の桎梏から解放しようとする。その意図は、宗教性が世俗化の流れのなかで生きつづけることを可能にするためである］。

　「宗教性」（the religious）とは、超自然とは無関係な一つの態度、ないし見地を意味するという考え方に立てば、聖と俗とを区別する必要はなくなる。この考え方は、経験の宗教的性質を、何か或る特定の個室に閉じこめたりはしない。また、何か或る特定の団体［＝教会］だけが、この宗教的性質と独特の関係をもつと、かってにきめつけたりもしない。

　宗教的機能は、将来において、社会にかかわって役立つべきである。私はそう考える。そうした観点からすれば、宗教的機能を諸宗教から、そして或る特定の宗教［＝キリスト教］から解放することが、必要不可欠である。多くの人び

とが、おびただしい数の教会と、その主張の対立・葛藤に、困惑しきっている。しかし、根本的な困難（問題）はもっと深いところにある。

　以上に述べたなかで、私は、新しく生じたこの歴史的変化［＝宗教主導から脱宗教への変化＝世俗化］について、もろもろの宗教団体の代表者たちがくだした解釈を、無視したわけではない。
　最古の教団であるローマ・カトリック教会は、生活の世俗化、つまり社会的な関心や価値が教会による支配からますます独立していった傾向について、次のように審判する。
　この世俗化は、神によって創造された自然のままの人間が、神にそむき、ますます神からはなれていったことの一つの証拠であるにすぎない。つまり、人間（人類）の意思は、もともと堕落するものである。そこで人間は、神がこの地上におけるみずからの代表者たち［＝教皇や枢機卿たち＝カトリック教会］にあたえた権威に、反抗した。世俗化は、その結果なのである、と。
　この教会は、こうした世俗化がプロテスタントの伸長と並行して進展した事実を指摘する。つまり世俗化は、プロテスタントが、個人の良心や選択に訴え、わがままな異端的教義を流布したことをしめす証拠である、とする。
　この世俗化に対する治療法は簡単である、とカトリック教会は考える。何よりもまず、神の意思に服従することである。その神の意思は、この地上における神の代理人として設けられたカトリック教会によって、絶えまなく表明されている。この神の意思に服従することが、社会的関係［＝社会のあり方］や社会的価値［＝社会の宝とすべきもの］が、宗教とふたたび同一の広がりをもつ［＝宗教と一致する］ことができるようになる唯一の方法である［以上が、カトリック教会の主張である］。

これに対して、プロテスタント教会は、こう強調してきた。とんでもない。人間の神に対する関係は、基本的には個人の問題である。個人が選択し、責任をもつ問題である。われわれの見解からすれば、世俗化がもつ一面は、道徳的は言うにおよばず、宗教的な進歩である、と。なぜなら、人間と神との関係を、全体的、制度的なものにしようとする［カトリックの］信仰や儀礼は、人間の魂と神の御心（みこころ）とのあいだに、障壁をつくるものだから。神とのコミュニオン（Communion with God）［＝神との霊的交流］は、神の直接の援助にたよらねばならないとしても、個人の真心と意思とからはじまらなければならない。
　したがって、教会の社会的なステータスが変わったことは、けっして嘆くにはあたらない。失われたものは、せいぜいうわべだけのものであり、皮相的なものだった。えられたものは、宗教がその唯一ほんとうの、確固とした基礎のうえに据えられたことである。つまり、人間の良心と意思とが、神と直接につながったことである。
　現在の政治・経済の制度組織のなかには、非キリスト教的なものや、反キリスト教的なものがたくさんある。しかし、それを変えていくには、自分自身の信仰をもった多くの人びとの努力の結集によるのが望ましい。個人を外的で［＝個人の良心とは無関係な］、結局は現世的・世俗的な権威にしたがわせるカトリック教会の、じっぱひとからげの努力によるべきではない［以上が、プロテスタントの主張である］。

　これら相反する二つの見解には、検討すべき問題がふくまれている。それをくわしく取りあげるとすれば、特にいくつかの点について、考えておく必要がある。
　まず、人間生活の関心事がどんどん世俗化していったとしても、それは、カトリックが言うように、堕落が進行していることではない、という点である。

第3章　宗教的機能が宿る家としての人間

どの宗教にも加入していない歴史学者の多くは、こう懸念する。［カトリックが言うように］世俗化の過程を逆転させ、教会が最終的な権威をもつ状態にもどるといったことは、最も大切なもの［＝科学の発達による社会の進歩］に対する脅威である、と。

また、プロテスタントの言い分については、こういうことが問題になる。世俗化という社会の進歩は、じっさいには、個人の意思を大切にする宗教［＝プロテスタント］が生みだしたものではない。そうではなく、むしろ反対に、人間関係［＝社会］を人間らしいものにした力、知識や美術の発展をもたらした力は、教会とはまったく関係のないところから生じた、という点である。

こんな批判もできる。教会は、最も重要な社会運動に立ちおくれた。教会は、社会問題については、主に道徳的な〈症候〉［＝病気そのものではなく、病気が外にあらわれたもの］に注目した。つまり、泥酔・麻薬の販売・夫婦間のトラブル、といった悪徳や悪習に注目した。そして、戦争の原因とか、政治・経済にかかわる多くの不正や迫害の原因については、目をつむった。こうした原因に対するプロテスト（抗議）は、［プロテスタントにではなく］主として、世俗的な運動にゆだねられた、と。

過去の時代においては、われわれがこんにち「超自然なもの」(the supernatural) と呼ぶものは、「普通ではないもの」(extraordinary) ぐらいの意味しか、もっていなかった。つまり、それが普通でないために、人を驚かせ、感情に強い感銘をあたえるものぐらいの意味だった。おそらく、こんにちでさえ、「自然」(the natural) についての最も一般的な概念は、「普通で、いつもどおりで、ありふれたもの」という程度のものだろう。普通でない出来事の原因究明をやらなかった時代では、超自然［＝神］に対する信仰はそれじしん「自然なもの」だった。それは、けっしてこんにち言う意味での超自然なものではなかった。

それゆえ、「超自然主義」(Supernaturalism)［＝超自然的なものを信じ、尊崇する立場］は、純粋な意味で、「社会の宗教」だったのである。人びとの心が、超自然的なものと音調をそろえている時代においては、そうだった。超自然主義は、普通ではない出来事を「説明するもの」だった。それは、超自然の力を利用して、みんなの利益を確保するテクニックを提供した。しかし、それは、超自然の力が害をなすときには、共同社会のメンバーをその被害から守った。

自然科学の発達は、「超常的なもの」を、「自然な」説明ができる出来事と同じ水準のものにした。同時に、社会に対する現実的な関心が発達し、天国といった非現実的な発想を——その反対の地獄とともに——、背景に押しこめた。

教会の機能（働き）と役割は、どんどん特殊化されていった［すなわち、神事にのみかかわるものとなっていった］。一方では、かつては神を汚すもの、世俗的なもの、とみなされた関心事や価値が、増大し、重視されるようになった。しかし、他方では同時に、基本的・究極的・精神的・理想的な価値は、超自然的なものと結びついているという考えが、一種の雰囲気やオーラ（香気）として、そのままのこった。またこの考えに対する一種の儀礼的な敬意も——たしかに、人びとの関心事の具体的内容は変わったが——消滅することなく、今ものこっている。

こうして、一般の人びとの心は、混乱し、分裂した状態で放置されたままである。過去、数世紀にわたってつづいてきたこうした動きは、さらに人びとの心を分裂しつづけるだろう。宗教の意味と価値が、しっかり統合されて、正常な社会関係（normal social relations）［＝自然な理想的社会］を形成するまでは、こうした事態はつづくに違いない。

この問題を、もっとはっきり、わかりやすく述べてみよう。一方の側の極端

第3章　宗教的機能が宿る家としての人間

な立場の人は、こう主張する。超自然的なもの［＝神］との関係がなくなれば、人間は、道徳の観点からすれば、野獣と同じレベルにおちてしまう、と。これに対して、もう一方の極端な立場の人は、こう主張する。すべての重要な目的や、安定と平和のためのすべての保証は、人間関係［＝社会］というマトリックス（母体）のなかで成長してきたものである。そして、超自然的な焦点［＝神］にあたえられている価値は、じっさいは、理想化の働きをする［人間の］イマジネーションが、自然のすばらしいものを手にいれて、そこからつくりだしたものである、と。

　そこで、そこからはまた、意見の第二の対立が生じる。一方では、こう主張される。超自然的なものとのかかわりこそは、人をうごかす動機の唯一の源泉であり、最後のよりどころである。それは、人間がこの地上で神の導きと教えにむかって真剣に生きようとするあらゆる努力に、直接に、また間接に、生命を吹きこんできた、と。そして、他方ではこう主張される。人間が現実に導きと支援としてたよるのは、超自然とのかかわりではない。そうではなく、家族・隣人・市民との、また芸術や科学の追究との、具体的なかかわりにおいて、人間が現実に経験したすばらしい「成果」（goods）である。このすばらしい成果を、超自然的で来世的な焦点［＝神］に結びつけることは、この成果の本質を曖昧にし、それがもつ力を弱めるものである、と。

　以上にその概略をしめした意見の対立は、現在および未来における宗教の問題が何であるのかを、明示している。［前者が主張するように］人間にほんらい備わる「贖罪」（satisfactions）［＝神に対して犯した人間の罪過を賠償し、人としての義務を履行しようとする心］と「名誉の回復」（opportunities）［＝贖罪によって清められ、名誉を回復しようとする心］があるとしよう。そして、そうした人間に内在する宗教的性質が、かつて歴史的宗教［＝成立宗教］を時には特徴づけた熱狂と献身に

よって明確にささえられ、育てられたとしよう。そうしたばあい、人間社会が大切にする諸価値は、どのような影響をうけるだろうか。

この問いに対しては、ますます多くの人たちがこう主張するようになっている。われわれが社会的価値の起源と意義とを、理論においても、実践においても、超自然的な根源にもとめることは、人間社会で大切にされる自然的な［＝自然とのかかわりによってえられた］価値を下落させる結果をもたらした、と。

夫と妻・親と子・友と友・隣人と隣人・産業や科学や芸術で働く人と人、こうした人たち同士の自然な関係は――そこには大切なものがいっぱいあるのに――軽視され、看過され、未開発のままになっている。いや、その価値は、軽視されているだけではない。より高い価値を侵す危険なライバルとみなされてきた。抵抗しなければならない誘惑を提供するもの、肉によって精神の権威を強奪するもの、神に対する人間の反逆と、みなされてきた、と。

キリスト教には、いろいろな教義がある。例えば、「原罪」［＝アダムとイブが禁断の木の実を口にし、神の命令に背いた罪］、「全面的堕落」［＝アダムとイブの原罪以降、人間性は完全に堕落したとする説］、あるいは、「内側も外側も自然は腐敗しているとする説」などが、それである。しかし、こうした教義は、こんにち、自由主義的な宗派のあいだでは、特に広くおこなわれているわけではない。むしろ、二種の違った価値体系がある、という考え方のほうが優勢である。この考え方は、私が前章でふれた二種の真理の啓示（開示）という考え方と、類似する。

つまり、こんにち自由主義的な宗派においては、自然界で見いだされる価値と、超自然界で見いだされる価値とは、相互に補足しあうものである、と言われる。それは、ちょうど、啓示の真理と科学の真理とが、同じ究極的真理の相互に補足しあう二つの側面であると、と言われるのと同じ考えである。

こうした立場は、伝統的な考えにくらべて、大きな進歩である。私は、そう考えざるをえない。真理が二種類の仕方で啓示されるという考えに反対の人たちは、論理的には、この立場に反対する。だがこの立場は、現実的には、人間らしいものの見方が発展したことをしめすものである。

　しかし、人間関係［＝真理が開示される場所としての、自然的な共同社会］のなかに、宗教的な働きをする価値があることをいったんみとめたなら、どうしてこの証明できる人間関係［＝自然的な共同社会］を基礎として、この問題を探究し、その完全な解決に、思考とエネルギーを集中しようとしないのか。

　歴史のしめすところによれば、この問題［＝社会のなかに見いだされる宗教的価値を、現実社会とのかかわりにおいて、追究し、展開するという課題］には、三つの発展段階があると考えられる。

　第一の段階では、人間社会（人間のつながり）は、堕落した人間性から生じた諸悪によってひどく汚れている、したがって外的な、超自然的な源泉からの救済が必要である、と考えられた。

　第二の段階では、この人間社会（人間のつながり）で大切なものと、明らかに宗教的であるとされる価値とは同種のものである、とされた。これは、こんにち、自由主義神学者たちが到達している見解である。

　［やがて訪れる］第三の段階では、理想を追究する宗教で大切にされる価値は、じっさいは、［超自然的なもの（神）の特質ではなく］自然な社会（人間のつながり）がもつ特質を、理想化したものであること、そしてまたその価値は、その理想化された特質を、保護し奨励するために、超自然的な領域に投影されたものであることが、自覚されるだろう。

　［理想を追究する宗教である］キリスト教において用いられる語彙のなかには、父（Father）、子（Son）、花嫁（Bride）、仲間（Fellowship）、交わり（Communion）

といった語がある。こうした語がもつ役割に、注目してほしい［これらの語は、いずれも、自然な社会（人間のつながり）で大切にされる価値を表現している］。また、社会の比較的緊密な人間のつながりを表現するこれらの語［＝父・子・花嫁など］が、法的・政治的な起源をもつ語、例えば王（King）、裁判官（Judge）、主のなかの主（Lord of Hosts）に、とってかわりつつある傾向に注目してほしい。ただしこの傾向は、昨今はじまったばかりである。

　私が上に第三の段階と呼んだものに突入する動きが、今や必要なのである。そうした動きがないかぎり、根本的な二元論と生活の分裂はつづかざるをえない。神的なもの（the divine 神）が、［宗教と、日常的社会生活という二つの領域で］二重に平行して顕現するという考えは、不安定なバランス状態をもたらす。なぜなら、そこでは、神的なもの［＝宗教］のほうが［日常的・世俗的社会生活より］すぐれたステイタスと権威をもつからである。
　こうした二元論的な考えは、エネルギーを分散させる。なぜなら、それはエネルギーの対象である目的を二分するから。またこうした考えは、必然的に、次のような疑問を引きおこす。宗教的な価値の存在を、普通で正常な共同社会生活（normal community life）のなかにみとめるところにまで前進したのだから、どうしてもう一歩さきへと進まないのか［とうぜん、われわれはそこまで前進すべきではないのか］。
　自然な人間同士のつきあいや相互扶助がもつ価値は、開かれており、みんなのものである［それは、教会に占有されたりはしてはいない］。また、この価値は、すべての自然な事象が証明されるのと同じ方法によって、証明することができる。同じ科学的・実験的な方法によって、この価値は展開できる。もしそうなら、どうしてこの価値のほうを育て、広げていくことに専念しようとしないのか。そうしないかぎり、精神的な価値に二つの領域を設けるといった考えは、

第 3 章　宗教的機能が宿る家としての人間

古い二元論のただの耳ざわりのよい焼きなおしであるにすぎない。それは、肉体と精神との、世俗と宗教との、あの古い二元論となんら変わらない。

　この［宗教と世俗との］不安定な平衡状態は、思慮ぶかい人たちには、はっきり見えている。そこで、こんにちでは、［ひどい現実に背をむけて］信仰の初期の段階にもどろうと試みる人たちがいる。［世俗の現状はひどい。したがって］現在の社会における人間のつながり方を、厳しく告発するのは、むずかしいことではない。国民国家相互間のつながり方を見よ。そこには戦争・嫉妬・恐怖が支配しているではないか。家庭生活におけるかつての家族のきづなを見よ。それはどんどん崩壊していっているではないか。政治家の目にあまる堕落と無能ぶりを見よ。経済活動を見よ。それはまさにエゴイズム・残忍性・圧制そのものではないか。
　こうした告発をつみあげることによって、もしその気になれば、人はこんな意気揚々とした結論に達することもできる。社会における人間のつながりは、あまりにも堕落している。したがって、超自然の助けにたよるしかない、と。第一次世界大戦［1914-1918 年］とそれにつづく数十年がもたらした大混乱は、堕落と罪に対する超自然的な贖罪の必要性を説く神学を、復活させた。

　しかし、こうした告発からは、正しい結論は出てこない。超自然の助けにたよれというこの結論は、まず第一に、すべての積極的な価値が、けっきょくは、まさに人間のつながりという場面［＝社会］から生じたものであることを、見おとしている。大切なこれらの価値があればこそ、超自然的な力にたよることもできるのだ、ということに気づいていない。また、この人間のつながり［＝社会］を、まっ黒に描こうと思えば、描くこともできる。だが、その絵からは、現実のなかの或る部分［＝理想の部分］が省かれていることに、気づいていない。

私は以前に、こう述べた。理想を重視することに異常なほど敏感な人たちは、超自然的なもの［＝神］をもとめて思考し、行動した。そして、そのことが社会の状況を改善した、と。私は同じことを、またここで持ちだすつもりはない。私はもっと身ぢかな現実の問題を検討しようと思う［デューイは理想を重視する。しかし、超自然的なものをもとめない。彼は現実社会に潜在する理想をもとめ、それを実現することによって、より良き社会をつくろうとする］。
　こんにち、社会は「不道徳」であると断罪される。そのさい、現存の社会制度にともなうあらゆる悪が指摘される。しかし、このように断罪することには、次のことが暗黙の前提になっている。すなわち、現存する社会制度は、ほんらいあるべき人間のつながり（社会）を正しく表現するものである——これが、その前提である。

　もし、こうした前提があるなら、その前提と、社会は不道徳であるという結論とのあいだには、明らかに大きなギャップがある。ほんらいの人間のつながり（社会）と、その時代々々の社会制度との関係の問題は、社会研究に課せられたきわめて複雑な難問である。社会制度は、ほんらいの人間のつながり（社会）をそのまま反映するものであるという考えは、単純すぎるのである。そうした考えは、長い歴史のなかで社会制度をつくりあげるのに加わった多様な要因を、無視している。歴史的にみれば、こうした要因の多くは、偶然のものである。つまり、人間のつながり（社会）がとる社会制度の形態は、歴史の偶然によるのである。
　私が好んで引用するのは、クラレンス・エアーズ［Clarence Edwin Ayres, 1891-1972. アメリカの経済学者。制度学派（institutional school）に属し、経済現象を抽象的・普遍的な数字でとらえず、具体的な社会制度（社会的慣習）の問題としてとらえた］の次の言葉である。「われわれの産業革命は、一部の歴史家が言うように、繊維産

業のわずか半ダースばかりの技術改良とともに、はじまった。そして、紡いだり織ったりするといった、だれの目にも明らかな技術改良以上に、なにか重大なこと［＝制度上の変化＝産業革命］がおこったことに気づくのに、100年もかかった」［産業革命にともなう大きな新しい制度的形態は、意図的・計画的につくられたのではなく、繊維産業の小さな技術改良から、偶然にできた］。

　この言葉は、長い論議をはぶいてくれる。人間のつながり（社会）のほんらいのあり方と、それが制度として現実に展開した形態とのあいだには、「偶然の」関係しかないのである。これが私の考えであるが、この言葉はそのことの意味をうまく伝えている。この両者の関係は、偶然的なのである。なぜなら、結果として現れた制度としての形態は、予見も、計画もされていなかったのだから。

　このように言うことは、次のように言うのと同じことである。すなわち、自然界における諸関係［＝自然法則］を対象とする「自然的知性」(natural intelligence) が存在するように、社会における諸関係［＝社会法則］を対象とする知性が存在すべきである。ところが、こうした意味での「社会的知性」(social intelligence) は、これまでのところまだ存在していない、と［なぜなら、制度としての社会形態は、これまでのところ、知性によって計画されたものではなく、偶然によってできたのだから］。

　ところが、私の考えを否定する人たちがいる。重大な改革をもたらすためには、超自然的なものの介入が必要であると、彼らは主張するのである。しかしそうした議論は、かつて無知のゆえに、超自然的なものをもとめた古い憶断の焼きなおしであるにすぎない。例えば、われわれは生命が、生命をもたない物質とどのように関係しているのかを知らない。そこで、野獣から人間への推移をもたらしたものとして、超自然的なものの介入が憶断される。われわれは、

生物——つまり、脳と神経組織——と思考の発生との関係がどうなっているのか知らない。そこで、そこには超自然的な結びつきがあるのだ、と憶断される。われわれは、社会における出来事の因果関係を知らない。そのけっか、われわれは社会をコントロールする手段をもっていない。それゆえ、われわれは超自然的なコントロールにたよらねばならない、と憶断される。

　もちろん、私は知性がどこまで発達し、社会における諸関係をコントロールできるようになるのか、知っているわけではない。しかし、一つのことだけは、はっきり知っている。それは、知るためには、それにむかって努力するしかない、ということである。超自然的な力のみがコントロールできると仮定することは、この努力をさまたげる確実な方法である。それは、こんにち社会的知性の発展をさまたげる力であることに、間違いはない。かつて、これと同じような超自然的なものへの訴えが、自然科学の発展をさまたげたように、それはさまたげなのである。

　もちろん、社会の事象に関係するより大きな知性［＝社会的知性］の発達をまつまでもない。今すぐにでも、自然の手段と方法［＝自然的知性］で、大きな改革をなしとげることができる。今ただちに、複雑な社会の現象をくわしく検討し、間違を指摘することができる。この間違の原因を、或る程度まで、解明することもできる。そして、この間違の原因が、抽象的な道徳的な力［＝たんなる心のもち方］とは大いにことなるものであることを、知ることもできる。そして、こうした患部の或るものに対しては、治療の方法を工夫し、施療することもできる。

　こうした試みから生じる結果は、救済の福音ではないかもしれない。むしろそれは、例えば、病気や健康といった［世俗的な］事柄で追究される結果と、同じようなものだろう。だが、こうした試みがもしなされるなら、それは社会

の福利厚生に貢献するだけではない。それはもっと大きなことを成しとげることになるだろう。すなわち、社会的知性の発達を促進し、そのけっか、この社会的知性がよりいっそう着実に、より大きな規模で、働くことができるようになるだろう。

既得権［＝法的根拠にもとづき、すでに獲得している権利］は、それが権力と結びつくとき、現状維持（status quo）の強力な味方となる。それゆえ既得権は、自然的知性によるこうした改善方法が成長し、広く適用されることを強力に阻害する。既得権はきわめて強力である。したがって、「闘う知性」(intelligence in action) による方法をみとめさせる闘いが、それだけいっそう必要となる。

しかし、この闘いを遂行するのに最大の障害となるのは、一つには、社会の諸悪を一般的な道徳的原因によるものとして、片づけてしまう傾向である。つまり、社会の諸悪の原因を、人間の罪深さ・人間の心の堕落・人間の利己心と権力欲に、もとめる傾向である。こうしたものを、原因としてあげることは、かつて「自然科学」で広くおこなわれた、抽象的な力［例えば、次節で言及される「悪魔」］に訴えるやり方と、まったく同じ性質のものである（なお、ここで言う抽象的な力とは、じっさいは、多くの個々の結果をもたらしたものを一般的な名称で言いかえただけのものである）。もちろん、こうしたやり方は、自然科学の普及と発達の大きな障害となった。

かつて、肉体の病気を説明するのに、悪魔がもちだされた。昔は、厳密な意味での自然死［＝加齢現象がすすみ、老衰によって死ぬこと］は、おこらないものとされていた。現在の〈社会的な〉現象［例えば、不況とか失業問題］を説明するのに、一般的な道徳的原因［例えば、人間の罪深さや堕落］をもちだすのは、肉体の病気を説明するのに悪魔をもちだすのと同じ知的水準にあると言える。こうした説明の仕方は、伝統的宗教の威信によって補強され、超自然的なものに対す

る感情的な信仰によってささえられて、社会的知性の成長と発展を窒息死させる。ところが、現実には、この社会的知性によることなしに、社会変革がとるべき方向を、先に述べた意味での偶然という領域から、救出することはできないのである。じつは、こうした広い意味での偶然と、超自然的なものの観念とは、双生児［＝同じ穴のムジナ］なのである。それゆえ、超自然的なものに対する興味・関心は、偶然がもつ既得権を強化し、偶然が社会を支配することを長引かせたのである。

　こんにち、一部の宗教団体は、個人の魂のたんなる個人的救済という観念に、強く反発する。政治・経済の領域においても、自由放任（*laissez faire*）［＝各人の思いのままにまかせて、干渉・束縛・統制をしないこと＝自由に個人の利益を追求させ、競争させることが社会全体の利益の増進に役立つとし、一切の保護制度（統制）の廃止を主張する考え］の観念に対する反発がみられる。こうした動きは、いずれも、一つの共通の傾向を反映している。どちらも、バラバラに切りはなされた個人というものが空しい存在であることを、人びとがますます自覚しつつあることのサインなのである。

　しかし、自由放任という観念の根底にある考えは、知性が人間の社会生活に徹底的に干渉・統制することはできない、とする考えである（なお、そのことは明示されるより、暗示される場合のほうが多い）。そして、社会を改良するのに超自然的なものの干渉が必要であると訴えることも、この根深い自由放任主義の現れなのである。それは、われわれが追いこまれた絶望的な状況をみとめることである。つまり、人間が社会の出来事や関心事に介入することが的外れであり無益であると、みとめることである。

　現代の神学者のなかには、社会の変革に関心をもちながら、しかも同時に超自然的なものを大切に思い、したがって人間の知性や努力を評価しない人たち

がいる。こうした人たちは、いわば反対方向に走る二頭の馬に乗っているようなものである。神の意志を世界に広げるために何かをおこない、そして同時に自分の仕事は自分の仕事としてしっかりやるという旧式な考えがある。こうした考えについては、論理のうえでも、実践のうえでも、もっとよく考えてみる必要がある。

　私は、「方法としての知性」(intelligence as a method) を強調した。しかしそのことが、人に誤解をあたえてはならない。知性は、「理性」(reason) という古い概念からはっきり区別される。知性は、ほんらい行動にふくまれるものである。さらに、知性と感情とのあいだに対立はない。「情熱的な知性」(passionate intelligence) といったものもありうるのである。それは、社会の闇を照らしだす光への情熱であり、また社会をリフレッシュし、純化する知性の力への強い愛着である。

　人類の歴史のどこにおいても、激しい感情を心底からかきたてるものはいくらでもある。だが、この感情を目的に結びつける［＝情熱をもって目的を追究する］という実験は、それほど多くない。そのなかで、人類がいまだ試みたことのないものが一つある。それは、社会的な行動において力を発揮する知性［＝社会的知性］に対して、宗教的なまでに強烈な感情をもって、献身する (devotion 帰依する) という実験である。

　しかし、「知性」だけでは、まだ問題は解決しない。現実の社会制度に対しては、［知性によって］不利な証拠をいくらでもつみあげることができる。しかし、そうした知性の働きとは関係なしに、正義と安定をもとめる「愛着と情熱的な願望」が、人間性には、ほんらい備わっているのである。そしてまた、その一方で、不公平・抑圧・不安定な現実社会に生きることから生じる不満の感

情も、おなじく人間性に根ざすものである。これら二種類の感情は、一つに結びつくことによって、革命という名で呼ばれる変革を、一度ならずも引きおこした。

「知性」と溶けあっていない「感情」は盲目である——このように言うのは、同語反復［＝まったく当たりまえのことを言うこと。例えば、「雨の降る日は、天気がわるい」］である。強烈な感情は、［知性から切りはなされると］制度を破壊する行動において自己を表出することがある。より良い制度の誕生を保証するのは、感情と知性との結婚（融合）だけである。

そこで、宗教の超自然的なものへの依存を批判することには、積極的な意味がある。というのも、その批判は次のことを意味するからである。すなわち、人間のつながり（社会）は、いずれの形態のものも、「その社会の公共の関心［＝理想的目的］によって感情的に動かされ、それにむかって動いている」、したがって、この公共の関心［＝理想的目的］を完全に実現しようとすることには、宗教的働きをもつ「崇高の感覚」（a sense of significance）［＝信仰心］と、同じ価値がある——これが、その積極的な意味である。

私が超自然主義に反対するのは、なぜか。なぜなら超自然主義は、自然な人間のつながり［＝ほんらいの社会］にふくまれている大切なもの［＝諸価値］を、広く、かつ深く、効果的に実現することを、妨げるからである。われわれは、人間のつながり（社会）を根本から変革する力をもっている。ところが、超自然主義は、われわれがこの力を手段とし用いることを妨害するのである。

物質上の大きな変革は、それに対応する精神上の、あるいは理想上の改善がなくても、おこりうる。そのことは、たしかに、そのとおりだ。しかしその逆に、精神上の、あるいは理想上の発展は、けっして外側からもちこむことはできない。物質的・経済的な変革を、いくら超自然的なものから借りてきた装飾

品で飾りたてても、精神上の発展をもたらすことはできない。その発展は、社会に内在する価値をもっと強く感じ、実現することからしか現れない。人間相互の現実的なつながり［＝現実社会］に内在する大切な価値を実現することなしに、精神的・理想的な発展は生じないのである。

　社会全体がもつ公的な関心［＝理想的目的］や社会的価値、そして［それを実現するための］社会の仕組みを、或る特定の団体［例えば、キリスト教会］に隔離し、そこだけに集中しようとする試みは、致命的な脱線行為である。

　人間が、男も女も、人間のつながり（社会）のあらゆる時間とあらゆる空間において、ときには歴史上の諸宗教を輝かせたあの信仰と情熱に動機づけられ、行動していたとしよう。もしそうだったなら、いったいどれほど大きな成果が生まれていたことだろうか。この信仰と〈情熱〉（élan）を達成するのは、容易なことではない。しかし、これまでの諸宗教は、それとよく似たことを試みてきた。しかし、その試みは、残念ながら、あまり希望のもてない目標にむけられていた——つまり、超自然的なもの［＝神］にむけられていたのである。

　信仰は山をも動かすと主張している人たちなら、実証可能な現実社会を基礎として、この信仰と情熱を達成することができるはずである。ところが、その可能性を、のっけから否定するのは、彼ららしくもないことである。社会の状態と出来事を、その原因に結びつける能力［＝社会的知性］は、こんにちすでに存在する。この能力は、まだ萌芽の状態にはあるが、つかうことによってりっぱに成長するだろう。技術的なスキルもある。それをつかうことによって、「社会の」健康と衛生を手にするためのキャンペーンをはじめることもできる。そうした試みは、いわば「個人の」健康と衛生のために現在なされている厚生事業に譬えることができるのである。

　人間は、愛情・思いやりと正義・平等と自由にむかう衝動をもっている［こ

うした感情は、社会的知性の主要な要素となるものである]。これらすべての衝動を一つに融合することが、これからの仕事である。しかし、ただ次のように力説するだけでは、なんの役にもたたない。階級利益をまもろうとし、高い地位にいる強力な敵が、塹壕にたてこもって、この融合統一の実現に敵対している——この敵と闘わねばならない、と。

　すでに述べたように、もしこの敵がいなかったなら、変革のための〈いかなる〉政策をせきたてても、ほとんど意味がない。大切な点は、こうだ。すべての闘争を絶望的としてあきらめる場合は別だが、そうでないかぎり、人は次の二つの選択肢から一つをえらばなければならない。一つの選択肢は、超自然的なものに救いをもとめることである。残りは、自然の作用力を使うことである。

　したがって、われわれはまずどちらを選ぶかをきめなければならない。それをきめないで、自然の作用力を使用するのにさまたげとなる諸困難を指摘するだけでは、論理的にも、実際的にも、無意味である。もしどちらを選ぶかをきめようとするなら、それを選ぶたった一つの観点が、次の二つのどちらかであることに気づくだろう。すなわち、超自然的なものにたよる人たちだけの協力に依存するのか、それとも、社会的感情〔＝愛情・思いやりと正義、など〕が湧きあがるのを感じているすべての男女との同盟に依存するのか——そのいずれをとるか、である。なお、後者には、意識的に、あるいは無意識的に、超自然的なものに背をむけた多くの人たちがふくまれる。

　どちらを選ぶかきめねばならなくなった人たちは、また次の二つの選択肢から選ばなければならなくなる。一つは、古くからの、いや過去のもの以上に体系だった自由放任の立場からする、知性の軽視、そしてこれまでに蓄えられた自然についての知識や理解の過小評価、である。もう一つは、こうした手段〔＝知性や知識など〕を、個人的とか階級的とかいった狭い目的のためにつかう

116

第3章　宗教的機能が宿る家としての人間

のではなく、もっと大きな人類の目的のためにつかおうとする、意識的で組織化された努力である。

　たとえうわべだけでも、根本的な社会変革の必要性を信じる人たちは、こう問わねばならない。社会の諸悪を救済するためと言って、右手で現在の社会の諸悪を指さし、左手で人間と自然からはなれたところ［＝超自然的なもの］を指さすとき、彼らのすることはまったく台なしになりはしないか、と。

　理想化の働きをするイマジネーション、思考力、そして感情を、自然な人間のつながり［＝自然なあるべき社会］をつくるのに用いることは、こんにち存在する教会を破壊することにはならないだろう。それは、むしろ教会の生命力を回復する手段になるだろう。大事に育てられねばならない、すばらしい人間的価値［＝人間がほんらいもっているすばらしい価値］、そして〈あらゆる〉人間的な関心を実現することによって満たされ、修正された価値［＝人間がほんらいもっている価値の実現によって生まれた文化的価値］──こうした価値の蓄えが、教会によって、違った仕方で、そして違ったシンボルを使って、賛美され、強化される可能性が生まれるだろう。そうした仕方で、教会はほんとうに「普遍的」（catholic）なものになるだろう。

　教会は、社会の事柄にもっと積極的な関心をしめすべきである。教会は、戦争・経済上の不公正・政治の堕落といった問題に、はっきりした立場をとるべきである。教会は、地上に神の王国を建てるための活動を、促進すべきである。こうした要求は、こんにちの時代の要求をしめす徴候の一つである。しかし社会の価値が、教会固有の仕方で崇敬される超自然的なもの［＝神］に関連づけられるかぎり、こうした要求とそれを実現しようとする努力とのあいだには、本質的な矛盾がある。

　一方では、教会が政治・経済上の問題に深いりすると、教会は教会独自の領

域から逸脱していると批判される。しかし他方では、教会は社会的な目的を促進するという領域に、自然で平等な立場で参加できない、と批判される。というのも、教会は最高の価値［＝神］と動機づけの力［＝神の恩寵］を独占するとまでは言わないが、そうしたものとの特別なつながりを主張するのだから。教会は、こうした排他的で高圧的な地位に対する要求を放棄すべきである。そうすることが、こんにち教会が社会的行動の領域にかかわって直面しているジレンマを、克服できる必須条件である［ここで言うジレンマとは、次のことを意味する。政治・経済上の問題に深いりすると、教会は教会独自の領域を逸脱すると批判される。またその一方で、教会は社会的活動の領域に参加したとしても、自由で平等な立場に立つことができないと批判される。教会は、どちらをとっても批判される。これが、教会が直面するジレンマ（板挟み）である］。

　私は、本章の冒頭で、よく知られている歴史的な事実について述べた。つまり、かつては、社会的な関心や活動の領域は、［すべての成員を一つに結びつける宗教をもつ］部族的共同体や市民社会そのものだった。両者は、たまたま一致していた。だが、こうした状態がなくなってしまったのである。というのも、世俗的な関心や活動が、組織化された諸宗教の外側で成長し、宗教の権威から独立してしまったからである。そして、この世俗的な関心は、人びとの思想や欲望を独占し、組織化された諸宗教の社会における重要性を片隅に追いやった。そして、今やこの片隅でさえも、日増しに小さくなりつつある。
　この変化は、一方では、伝統的な諸宗教においてまさに宗教的価値と呼ばれうるすべてのものを、ひどく衰退させた。しかし、他方で、この変化は、これらの宗教的価値を、新しい基礎のうえに、新しい見とおしをもって、発展させる機会を提供するのである。
　キリスト教は、もともとその古い歴史のなかで、ヒツジとヤギをはっきり区

別した。救われた者と見捨てられた者、選民と大衆を区別した。このことは、無視できない事実である。自然と人間に手をくわえ、改善しようとする立場［＝ヒツジとヤギを区別し、ヤギをヒツジに変えようとする立場］は、精神的な貴族主義である。この貴族主義と、そうした干渉をしない自由放任主義は、いずれも、キリスト教の伝統に深く根ざしている。たしかに、すべての人間はみな同胞であるという観念［＝自由放任主義］は、リップ・サービスとして大切にされた。いや、しばしば、リップ・サービス以上に、大切にされた。しかし、教会という囲いの外側にいる人たち、そして超自然的なものの信仰にたよらない人たちは、ただ将来同胞になりうる人間としか、みなされなかった。彼らが、家族の一員になるためには、まだ養子縁組が必要だったのである。

民主主義の理想は、人間社会の出来事にかかわる、きわめて重要な道徳的かつ精神的な理想である。この民主主義の理想を実現するためには、超自然的なキリスト教が容認してきた、この根底的な差別観をすてなければならない。私には、そのようにしか理解できないのである。われわれがすべて同胞であるにせよ、ないにせよ——私は比喩としてこう言うのではない——、少なくともわれわれは、同じ船に乗って、同じ荒海を航海しているのである。この事実が可能性としてもつ宗教的意義は、かぎりなく大きい。

第1章において、私は「宗教」(religion)と「宗教的な性質」(the religious)とを区別した。そこにおいて、私は次のことを指摘した。宗教——すなわち、もろもろの［成立］宗教——は、教団の信仰・儀式・形態を託されていて、それらのものを固守しようとする。しかし、こうした伝統は、人間経験の宗教的要素から生じ、その要素のうえに積みあげられたものであって、宗教を育んだ当時の文化の状態を反映するものである［したがって、科学の発達した現在においては、それに見あう新しい信仰をつくらなければならない］。

私は、今や人間経験のこの宗教的な性質を解放する条件がじゅうぶん整った、と強く主張した。人間経験の宗教的な性質のまわりにこびりつき、宗教の信用と影響力を駄目にしている夾雑物から、この宗教的な性質を解放すべきことを、説いた。

　第２章において、私はこの考えをさらに展開し、人間経験の宗教的な価値［＝宗教的な性質］に内在する理想への信仰について述べた。その内容はこうである。古くから、「理想」（ideal）というものは、或る超自然的な意味、ないし形而上学的な意味で、存在の枠組みそのものにすでに埋めこまれているという命題がある。そして、この命題に知的に同意しないかぎり、理想の意義と妥当性はみとめられない、と考えられた。しかし、もし信仰がこうした考えから解放されるなら、信仰がもつ力は、大いに高められるだろう。私は、強く、そう論じた［ここで、デューイが「理想」（ideal）と言うのは、むしろ「理念」（Idee）である。それは、プラトンの「イデア」であり、永遠絶対の形而上学的本体である。デューイの言う「ideal」は、こうした「理念」からは峻別されねばならない「理想」である。それは、人間経験の成長とともに、「絶えず発展しつづける理想」である］。

　本章であつかった問題［＝宗教は社会とどうかかわるか］は、前の二章で提起したすべての問題を包含する。私は、この問題がもつ否定的な面［＝現在の宗教に対する批判］についても、肯定的な面［＝改善の方法］についても、論じた。

　われわれは、これから生まれてくる子孫とともに、原因と結果とからなる［＝超自然的ではなく、自然な］「共同社会」（community）に生きている。これは、宿命なのである。この共同社会は、「イマジネーションが宇宙と名づける、存在の不思議な全体」（the mysterious totality of being which the imagination calls the universe）を、最も広く、また最も深く表現するシンボルである。それは、「知性が把握できない存在の包括的全体」（that encompassing scope of existence which the intellect cannot grasp）［＝大自然］を、人間の感覚と思考にしめすために具象

化したものである。この共同社会は、われわれ人間の理想へのあこがれがそこで生まれ、育つ母体である。それは、価値がわきだす源泉である。そこからは、道徳的なイマジネーション［＝行為にかかわる実践的なイマジネーション］が投影する価値が、こんこんとわきだしてくる。そして、そこでは、このイマジネーションが、「指導的規準」（directive criteria）［＝行為を導くための規準（命令）］として、また「形成的目的」（shaping purposes）［＝行為を形成するさいの目的］として、作用するのである。

　人間がいとなむこの包括的な共同社会には、一貫してつづく生命活動がある。そして、この生命活動には、科学者や芸術家たちがこれまでに成しとげたすべての重要な業績がふくまれている。そこにはまた、人間交際やコミュニケーションという心あたたまるすべての行為もふくまれている。この生命活動は、そしてそこにふくまれる内容は、われわれの理想追究の信仰を、証拠にもとづき、知的に支持する材料を、すべてそなえている。
　この材料のうえにたてられた「信条」（creeds）は、変化し、成長はする。しかし、けっしてゆらぐことはない。この信条は、放棄すべきものは、よろこんでこれを放棄する。なぜなら、それを放棄することが、新しい光を生むからである。けっして、いやいや譲歩するのではない。この信条は、つけ加えるべきものを、それが新しい知識であるがために、つけ加える。新しい知識は、われわれが生きる目的を立て、それを実行する条件について、深い洞察をあたえるからである。
　18世紀の「個人主義」を反映する一面的な心理学［＝人間と環境（社会）との相互作用にあって、環境（社会）の働きを考慮しない心理学］は、知識を孤独な精神の産物としてあつかった。われわれは今や知るべきである。知識とは、人間がみんなで協力し、コミュニケーションを介して生活するという共同活動の産物で

ある、ということを。知識が共同社会のなかから発現するというこの事実は、知識というものがみんなで共同して使用すべきものであることを、示唆している。

或る時代の知識を統合する［＝知識のあり方と役割を考える］ばあい、人間にとっては不可能な、永遠的かつ抽象的な基礎［＝超自然的なもの］のうえで、それをやってはならない。知識の統合は、知識が人間の願望や目的の統合に役立つものであることを基礎にして、やらねばならない。そうすることによって、この知識の統合は、その時代の人間にうけいれられるしっかりした信条を、提供することができる。そしてこの信条は、知識を成立宗教から解放し、強力なものにする。

「不可知論」（agnosticism）［＝超自然的なもの（実在の最後の根拠）はある。しかしそれを知ることはできないとする立場］は、超自然的なものの日食［＝超自然的なものの没落］が投げかける影［＝まだ現実の没落にはなっていない影］である。もちろん、われわれが知らないものを知らないとみとめることは、すべての知的統合［＝正しい知識をもとめる誠実な態度］に必要なことである。しかし、世間一般の不可知論は、超自然的なものを中途半端に排除するだけである。

しかし、不可知論のこの意味は、知的関心がまったく自然界にだけむけられるとき、別の意味に変わる。自然界に目をむけると、われわれが知らないと言わざるをえない出来事がたくさんある。したがって、われわれはただ探究するしかないのである。つまり、仮説を立て、次にそれを探究によって検証するしかない。しかし、こうした疑いは、知性を用いる科学的方法においては、「疑い」ではなく、むしろ「信念（信仰）」である。この疑いは、信仰のしるしであって、青白いインポの不可知論には属さない［なお、「不可知論」という用語は、T. H. Huxleyの造語であり、その意味は、デューイがここで説く積極的な意味と同じである。Thomas Henry Huxley: *Science and Morals.* 参照］。

第３章　宗教的機能が宿る家としての人間

　われわれは、発見するために疑うのである。われわれが疑うのは、何か近づきがたい超自然的なものが、〈われわれ人間〉が知りうるものの背後にひそんでいるからではない。理想的目的に対する実践的信仰の、実質的背景をなすものは、実証的であり、発展的である。

　本章での考察は、理想的目的が何を意味するかを説明することで、要約できる。われわれがわれわれの信仰を結びつける理想的目的は、影のようにぼんやりしてもいなければ、ゆらめいてもいない。理想的目的は、われわれ人間相互のつながり［＝社会］を理解するとき、またそこにある価値を理解するとき、具体的なかたちをとるようになる。
　こんにち生きているわれわれは、はるか遠い過去からつづく人類の一部分である。自然とずっとこれまで相互作用してきた人類の一部分である。文明のなかにあるもので、われわれが最も大切にするものは、われわれ自身がつくったものではない。大切なものは、過去から永々とつづく人間共同社会の営みや苦労のおかげで、存在するものである。ちなみに、われわれは、その共同社会を連続させる一つの環（リンク）であるにすぎない。われわれの責任は、われわれが遺産としてうけついだ価値を保存し、伝達し、修正し、発展させることである。そうすることによって、われわれの後にくる人たちに、われわれがうけついだ遺産より、もっとゆたかで確実な、もっと多くの人が利用でき、もっとたっぷり分かちあえる遺産を、伝えることである。
　ここに、宗教的信仰に必要なすべての要素がある。この信仰は、宗派・階級・人種に限定されるものではない。この信仰は、これまでの長い人類の歴史に潜在していた、人類共通の信仰である。この信仰がどのようなものかを、開明し、この信仰を戦闘的なものにすることが、今後われわれに残された仕事である。

付　論

エマスンの自然論からデューイの宗教論へ
――大霊から大自然へ――

栗　田　　　修

　エマスン（Ralph Waldo Emerson, 1803-1882）もデューイもともに既存のキリスト教を否定して、新しい信仰をもとめた。エマスンは、「よい牧師であるためには、牧師職を去ることが必要だ」と決意し、宗教ではなく、経験の宗教的性質を説く講演者となった。デューイはエマスンの思想えをうけつぎ、「人類共通の信仰」（a common faith of mankind）を提唱した、とわれわれは考える。本論の意図は、その事実と、そのことの意味を明らかにすることである。

　デューイは、『経験としての芸術』（1934年）のなかで、次のように言う。

　「ところが『自然』にはまたもう一つの意味がある。すなわちそれは、自然は万物を体系づけた全体であるという意味である。つまり、自然は『宇宙』（universe）というイマジナティヴで感情的な語と同じ意味をもつのである。したがって、［こうした大きな意味での自然との相互作用である］経験においては、われわれ人類の社会的・文化的環境は、物理的環境と同じように、われわれ人類がそのなかに生き、またそれによって生きる、自然の一部である。こうした意味での自然は、［人間のイマジネーションによって創られたものであるから］われわれの「外側」にあるのではない。それはわれわれのなかにある。そしてまたわれわれはそのなかに、その一部として存在するのである」[1]と。

　ここで、デューイが言う「自然」（Nature）とは、エマスンが『自然論』（1836年）で「大霊」（Over-Soul）と呼ぶものに相当すると、われわれは考える。

　エマスンの自然論を構成する基本的要素は、「神（外なる神）」と「霊魂（内な

る神）」と「自然（人間をのぞくすべての被造物）」の三者である。これは、「創世記」に述べられている万物創造のスキームに一致する。つまり、「神」は最初の5日間で「自然」をつくり、6日めに神の似姿としての「人間」をつくり、そして7日めには休まれたとするスキームに一致する。そして、神は人間にこう宣言された。「地を従わせよ。また海の魚と、空の鳥と、地に動くすべての生き物とを治めよ」と。

そこで、これら三者のあいだには次の上下・支配関係が成立する。つまり、神（＝人格神）は最上位にあって人間を支配し、次に人間が自然を支配する。言いかえれば、自然は最下位にあって、支配され、さげすまれ、罪悪の根源とされる。近代にあっては、「自然は人間によって実験という拷問をかけられ、白状させられる罪人となる」[2]。

ところが、エマスンの自然論においては、自然の地位は大いに改善される。すなわち、自然は「神（外なる神）のシンボル」[3]となるのである。そしてこの自然は、神（外なる神＝人格神）と人間（内なる神＝霊魂）とのあいだにあって、神の意志を人間に伝える（啓示する）中間項、媒介、ないし通路となる。このことを可能にするのは、霊魂と自然とのあいだにおこるコレスポンデンス（呼応）である。そこで、エマスンの神と人間と自然との関係は、図1のように図示することができる。

人間が自然と「コレスポンド」するとき、私の内なる神と外なる神は、自然を通路として、合一する。この合一の瞬間においては、もはや「内なる神」と「外なる神」との分裂はない。二つの神は一つとなる。その瞬間に「大霊」（Over-Soul）が現れる。それは二つの神を包括する「包括霊」である。「そのとき激しい喜悦が私の全身を走る。私は喜んで善をなす」。こうして現れる大霊は、Soulと呼ばれるのだから、人格神だろう。

エマスンは人間の内なる神から出発する。内なる神は今私が疑いの余地なく

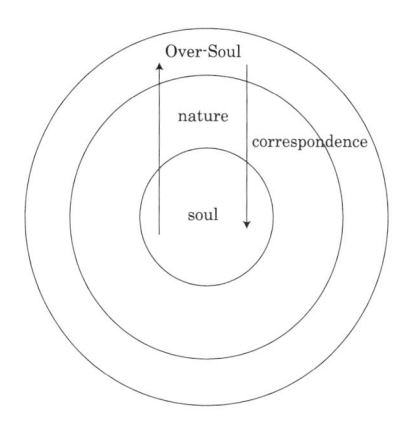

付　論　エマスンの自然論からデューイの宗教論へ

```
     Over-Soul
    nature
         correspondence
    soul
```

図1　エマスンの世界観

自分のなかに感じ、認める「人間の道徳的本性」（man's moral nature）である。この内なる神は、自分の良心であり、これほど確かなものは他にない。自らの内に確認できるものを、否定することはできない（それは、カントの道徳法であり、神の存在証明に根拠を与えるものである）。エマスンはこの唯一確実な内なる神から出発して、外なる神に至ろうとするのである。しかし、この外なる神は、内なる神と合一して大霊となるとき、もはやキリスト教という伝統的宗教のなかで形骸化されてしまった神ではない。

　ところで、冒頭に引用したデューイの言葉──「自然はわれわれのなかにある。そしてまたわれわれはそのなかに、その一部として存在するのである」──に返ろう。そこには、エマスンにみられる内なるものと外なるものとのコレスポンデンス（デューイにあっては相互作用）を、つまり人間とその外側との発展的統合を、見てとることができる。

　われわれの内なる自然は、人間性（human nature）［＝人類］である。この内なる自然が、外なる自然と相互作用する。それが経験（前景）である。その背景には、この相互作用を包括する大自然がある（これはエマスンの大霊にあたる）。

そして、人類は自然との相互作用を介してこの大自然とイマジナティヴに相互作用するのである。そこで、経験には三つの重層的レベルがあることになる（なお、重層的というのは後者が前者を含むという意味である）。

経験の三つの重層的レベル
① 生き物と　　　　　　　　　　環境（生・物理的環境）との相互作用 　　　　　　　　　　　　　　　（interaction）
② 生き物としての個人と　　　　社会（文化的環境）との相互作用 　　　　　　　　　　　　　　　（social interaction＝communication）
③ 生き物としての人間（人類）と　Nature・無限の包括者との相互作用 　　　　　　　　　　　　　　　（imaginative interaction）

①のレベルは生物一般の、生命（Life）の最下層にある、経験界をしめす。②は個人と社会との相互作用より生じる社会的・道徳的・世俗的経験界をしめす。③のレベルにおいては、内なる自然（human nature）が外なる自然（nature）（生・物理的環境と社会の両者を含む）と相互作用するのであるが、それは、人間の側からすれば、自然への、また社会への探究である。この探究的相互作用（経験）において、内なる自然と外なる自然とは合一する。そして、そのとき大自然（Nature）が自己を顕現する。つまり、大自然が人間経験（探究）をとおして現れ、自己を実現するのである。そして、この大自然は人間経験の発展・継続とともに、それをとおして、かぎりなく自己を実現しつづける。

　ところで、③のレベルにおける外なる自然は生・物理的環境と社会的環境の両者をふくむのではあるが、社会的環境の探究と改革が優先する。「人間の問題」が生・物理的環境の問題に優先するのは、デューイの経験界のとらえ方からすれば、当然のことである。デューイにとって、社会変革は人間（人類）が解決すべき最大の課題である。したがって、彼は言う。「自然界における諸

付　論　エマスンの自然論からデューイの宗教論へ

①
- environment
- interaction
- organism (Life)

②
- society
- interaction (communication)
- individual

③
- Nature (unlimited envelope)
- nature
- interaction (imagination)
- human nature

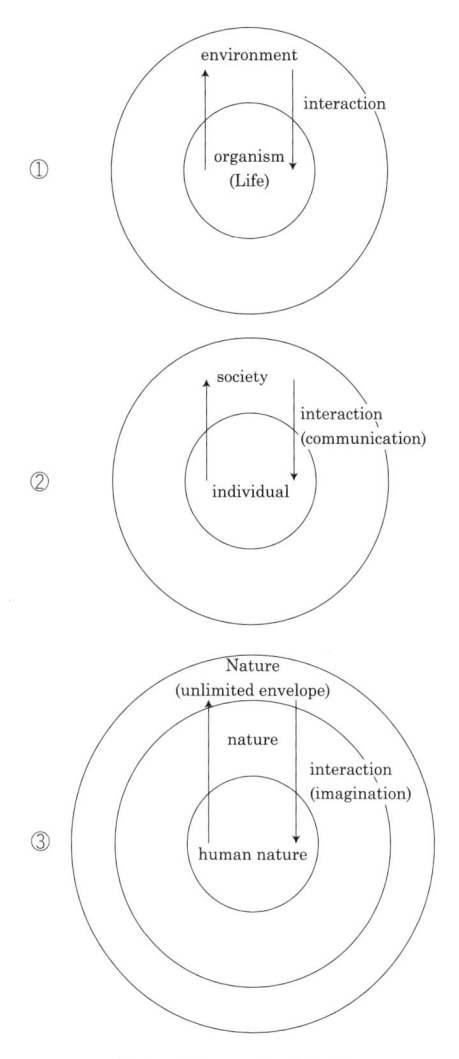

図2　デューイの経験界

129

関係（自然法則）を対象とする『自然的知性』が存在するように、社会における諸関係（社会法則）を対象とする知性が存在すべきである。ところが、こうした意味での『社会的知性』(social intelligence) は、これまでのところまだ存在していない」と。デューイはこの新しい知性が育成されねばならないことを、宗教的課題として、強調するのである。

デューイの経験論的自然主義には、「自然そのものの、絶えず成長しつづける前進的自己-顕現」("a growing progressive self-disclosure of nature itself")の想定がある。つまり、大自然は、人間を乗り物として、人間経験が継続するかぎり、自己を実現しつづける（なお、人間は神の乗り物であるとする考えは、デューイの若き日のアイドル、T. H. Green の発想である）。この理想実現の経験界は、宗教的レベルにある。しかしそれはまた同時に、社会的レベルにある。

図2においては、エマスンの大霊に相当するものは、大自然である。こうした意味での自然は「無限の包括者」(the unlimited envelope) であり、「すべてを包括するより大きな全体」(the larger, all-inclusive, whole) である。それは、*Universe* である。

デューイはいわゆる「神」について次のように述べる。

> 私が、「神」(God) という名称を与えたいのは、まさにこの理想と現実とを〈行為によって〉結びつけていくことである。

われわれ人間の思考と行為によって実現されるこの融合統一（現実社会において、理想を定め、それを社会の人たちみんなで追究すること）に神という名称を与えるかどうかは、われわれ一人ひとりがきめればよいことである。しかし、理想と現実とをこのように機能的に融合統一する〈働き〉(function) は、高い精神的内容をもつすべての宗教において、神の概念に事実上付与されてきた力とまったく同じものである。そして、その働きが何で

あるのかを明らかにすることは、われわれの時代の緊急課題であるように思われる[9]。

　デューイは、「宗教的性質」の立場に立てば、道徳（人倫）と宗教を分ける必要はないという[10]。しかし、両者は一般的には相異なる概念である。また、じじつ、デューイも両者を区別したうえで、両者の区別は必要ないと言うのである。

　では、道徳と宗教とを分けるものは何か。デューイは、超自然的なものを拒否するが、それはやはり或る意味で超自然なものである。「すべてを包括するより大きな全体（理想）」ないし、「無限の包括者」である。そして、それにむかって一貫して、emotional に、imaginative に、信念をもって行動する態度こそは、彼の言う「経験の宗教的性質」（the religious）なのである。

　しかし、このすべてを包括するより大きな全体は、超自然的でありながら、超自然的ではないのである。なぜなら、それは人間のイマジネーションが、現実をふまえて、創りだしたものだからである。またそれは、現時点においてはわれわれの経験を超えてはいるが、じょじょにわれわれの人間経験のなかで自己を開示し、明らかとなるからである。それが彼の「経験論的自然主義」の立場である。

　では、デューイが言う大自然とはけっきょく何なのか。この問いに対する答えは多様であるかもしれない。しかし、われわれはそれは先にあげた三者、いわゆる神・人間・諸事物を一つに統合したもの、つまり一匹の生き物としての Universe であると考える。そして、それがもつ力が生命力（Life）であり、自然の働き（function）であると考える。彼にとって、この働きこそは人間の、そして社会の「さらなる成長」（more growth）の源泉であり、原動力である。

　なお、エマスンの宗教観とデューイのそれとは、図形において重なり、同一ではあるが、その内容は対蹠的である。すなわち、エマスンの図１においては、

内なる魂は外なる神と対峙し、自己の深層を深く見つめる。それは神秘主義にむかう傾向をもつ。他方、デューイの図2においては、人間（人類）はよりよき社会の創造にむかって行動する。そこにおいては、実存的自我は根源としてではなく、むしろ成果として現れるものと考えられる。

最後に、デューイは若きころからつねに統一をもとめつづけたことを指摘しておこう。生命の進化には、生命の分散・多様化・複雑化・個人主義化・敵対化・死滅がともなう。彼が統一をもとめつづけたのは、こうした生命の拡散に反作用するためであった、とわれわれは考える。

① 17歳頃の哲学的覚醒（生命体がもつ interdependence and inter-related unity への覚醒）。② 中期の民主主義（一匹の生き物としての社会の構想）。③ 晩年の共通信仰（無限の包括者への希求）。これらのレベルは、結果的にではあるが、さきに述べた経験の三つの重層的レベルに対応するものと言えるだろう。

注

1) John Dewey, *Art as Experience,* Minton, Balch & Company, 1934, p. 333.

　なお、デューイがここで言う「宇宙の力」とは、「生命力」、「生成発展する力」を意味するとわれわれは考える。それはまた、デューイがコモン・フェイスのなかで「神」の定義として Oxford English Dictionary から引用する "some unseen higher power as having control of man's destiny and as being entitled to obedience, reverence, and worship" であるだろう。

2) 伊藤俊太郎「古代・中世の自然観」、『自然の哲学』（岩波書店、1968年）、p. 80.
3) Ralph Waldo Emerson, *Nature,* in Complete Works（Riverside Edition, 1903), vol. 1, p. 31.
4) John Dewey, *A Common Faith,* Yale University Press, p. 76.
5) John Dewey, *Experience and Nature,* Norton & Company, p. iii.
6) *Art as Experience,* p. 193.
7) ibid., p. 195.

8) *A Common Faith,* p. 51.
9) ibid., p. 52.
10) ibid., p. 66.

訳者あとがき

　1975年の秋、私はデューイの生地、ヴァーモントを訪れたとき、きわめて奇妙な経験をした。まず、はじめに、そのことについて報告したいと思う。

　訪問の目的は、彼の初期の論文や手紙、その他参考になる資料を集めることだった。そのころ、私は彼の師 H. A. P. トリーに興味をもっていた。あわよくば、彼の手書きの論文でも発見し、若いデューイに与えた影響を知りたいと思っていた。そのため、まず彼の母校であるヴァーモント大学へいくことにした。しかし、大学のどこへいけばよいのかわからない。とりあえずデューイの名のついた建物、「デューイ・ホール」にはいった。

　事務室には、40歳くらいの女性がいた。訪問の趣旨を告げると、親切に応対してくれた。「ここは、心理学部で、そうした資料は何もありません。大学図書館の地下にあるスペシャル・コレクションにいってください」とのことだった。礼を述べて、出ようとしたとき、ふと思いついて、「デューイのお墓はどこにありますか」とたずねた。すると、彼女は「知らない」と答えた。

　そんなはずはない、「つい数年まえ、この大学のキャンパスに彼のお墓が建てられたと聞いていたのですが」と言うと、彼女は「そういえば、そのあたりで、少しまえに人が集まっていたようです」と、窓の外を指さして言う。外に出てそこへいくと、ちゃんと彼のお墓があるではないか。

　毎日のように、そのまえをとおっていて、なぜ彼女は、知らないと言ったのか。しばらくのあいだ、その意味を考えた。私は想像した。彼女は、きっとデューイのお墓がそこにあるのがいやだったのだろう。聞かれても、口にもしたくなかったのだろう。

本書を読んでいただければ、読者もそのわけがわかると思う。デューイがヴァーモント大学の教会のそばに葬られているのは、たしかにおかしい。彼のキリスト教批判は想像以上に手きびしく、クリスチャンならそこにデューイのお墓があるのは許せないと思う。

　もちろん、デューイの意志でそこに彼のお墓が建てられたのではない。ロベルト夫人が、自分の遺骨とジョンのそれとをそこにいっしょに納めてほしいと遺言したことによって、それは建てられたのだから。デューイは、自分のお墓についてはまったく何も知らない。彼には、責任はない。彼をここで追究するのは、酷である。

　しかし、デューイはたしかに嫌がられていたと思う。デューイも彼らが嫌いだった。90歳の誕生を祝って、故郷ヴァーモントで記念式典があったときのことである。ふつうなら懐かしい少年時代の思い出の場所を訪れてたりして、しばらくは滞在するだろうに、彼はその日のうちに飛行機でニューヨークに帰ってしまった。

　デューイは宗教について語ることを、差しひかえていた。彼じしんこう言っている。「私は宗教の問題について、過度に無口であると、しばしば批判されてきた」と。(John Dewey: *From Absolutism to Experimentalism*, Later Works, Vol. 5, Southern Illinois University Press, 1988, p. 154.) 彼は、異端であった。人が嫌がる異端であった。したがって、人に嫌がれることはできるだけ避けたかったのである。

　もともとデューイは、彼の故郷ニューイングランドに伝わるキリスト教文化には馴染めなかったようである。そこには、自我を世界から、魂を肉体から、自然を神から、切りはなす伝統があった。「これは、たえがたい苦しみであった。いや、むしろ、心のうちなる裂け傷であった」と、彼は回想する。

さらに、彼は言う。「私は、宗教を哲学の問題として論じることを、あまり重要視できなかった。なぜなら、それを論じると、けっきょくは、率直に哲学的に思考することができなくなる。そして、或る特別の信仰箇条が証拠もなしに主張する、いんちきな要求に従うことになるように思えたから」。また、「学生時代から、社会的関心と社会の問題が私の知的関心事だった。そして、それは、多くの人たちがほんらい宗教問題に見いだしたような知的栄養を、私に提供した」（上掲書）と。

　デューイは最晩年になって、ようやく本書『人類共通の信仰』を公刊したのである。そして、そこにおいて、「神」を「理想」であるとした。なぜ、彼はそうしたのか。
　デューイは自然主義の立場に立つ。したがって、超自然的なものをみとめない。ユダヤ・キリスト教の神は、人間経験を超え、人間経験に先だって存在する。それは、カントとともに、物自体との距離を忘れないら、けっして認識の対象とはなしえないものである。
　一方、「理想」（ideal）は「理念」（Idee）ではない。「理念」は永遠絶対の形而上学的本体であるのに対して、デューイが本書で提起する「理想」は、人間経験のなかで、人間のイマジネーションの働きによって創造されて、次々と現れる具体的な理想的目的なのである。それは、けっして、人間経験のなかに現象する、永遠不滅の実体的存在者・神の理念ではない。

　ところが、デューイは、30歳前後のころには、こうした神の存在を前提にする立場に立って、彼の哲学を展開していたのである。そのころ、彼は、彼の若き日のアイドル、T. H. グリーン（Thomas Hill Green, 1836-1882）の影響下にあって、故郷ニューイングランドの二元論的伝統をなんとか克服しようと努力

《訳者紹介》

栗田　修（くりた　おさむ）

- 1930 年　京都市に生まれる
- 1953 年　京都学芸大学教育学科卒業．京都市立上桂中学校教諭
- 1954 年　フルブライト奨学金によりシカゴ大学教育学部に留学．MA 取得
- 1958 年　京都大学大学院教育学研究科修士課程修了．京都学芸大学教育学科助手
- 1965 年　京都教育大学（校名変更）助教授
- 1972 年　京都大学教育学博士号取得
- 1977 年　京都教育大学教授
- 1979 年　京都教育大学付属桃山中学校長
- 1989 年　京都教育大学付属図書館長
- 1993 年　文部大臣表彰（社会教育への功績）
- 1994 年　宇治市生涯学習センター所長
- 1995 年　滋賀県立大学人間文化学部教授．同大学交流センター長
- 2020 年　逝去
　　　　　京都教育大学名誉教授．滋賀県立大学名誉教授
　　　　　日本デューイ学会会員

主要業績

著書　『デューイ教育学の起源』（松籟社，1979 年）
　　　『デューイ教育学の特質とその思想史的背景』（晃洋書房，1997 年）

訳書　T. H. ハクスリ『自由教育・科学教育』（共訳，明治図書，1966 年）
　　　J. デューイ『経験としての芸術』（晃洋書房，2010 年）
　　　J. デューイ『人類共通の信仰』（晃洋書房，2011 年）

論文　John Dewey's Philosophical Frame of Reference in His First Three Articles, in *Educational Theory*, Volume 21, Summer 1971, No. 3.

人類共通の信仰

| 2011年10月10日　初版第1刷発行 | ＊定価はカバーに |
| 2021年 6 月15日　初版第2刷発行 | 表示してあります |

著　者　ジョン・デューイ
訳　者　栗　田　　　修
発行者　萩　原　淳　平
発行所　株式会社　晃　洋　書　房

〒615-0026　京都市右京区西院北矢掛町 7 番地
　　　　　電話　075(312)0788番(代)
　　　　　振替口座　01040-6-32280

ISBN978-4-7710-2305-5

印刷　創栄図書印刷（株）
製本　（株）藤沢製本

JCOPY 〈(社)出版者著作権管理機構 委託出版物〉
本書の無断複写は著作権法上での例外を除き禁じられています．
複写される場合は，そのつど事前に，(社)出版者著作権管理機構
(電話 03-5244-5088, FAX 03-5244-5089, e-mail: info@jcopy.or.jp)
の許諾を得てください．